apague
O CIGARRO
de sua vida

Dr. SÉRGIO RICARDO SANTOS
Dra. CAMILLE RODRIGUES DA SILVA
Dra. MARIA STELA GONÇALVES

apague O CIGARRO de sua vida

COM MÉTODOS CIENTÍFICOS PARA AUXILIAR O FUMANTE A PARAR DE FUMAR

EDITORA ALAÚDE

Dados Internacionais de Catalogação na Publicação (CIP)
(Câmara Brasileira do Livro, SP, Brasil)

Santos, Sérgio R.
Apague o cigarro de sua vida : com métodos científicos para auxiliar o fumante a parar de fumar / Sérgio R. Santos, Camille R. Silva, Maria S. Gonçalves. -- São Paulo : Alaúde Editorial, 2006.

Vários colaboradores.
ISBN 85-98497-43-6

1. Tabaco - Aspectos psicológicos I. Silva, Camille R. II. Gonçalves, Maria S. III. Título.

06-4543 CDD-616.865

Índices para catálogo sistemático:
1. Fumo : Vício : Prevenção : Medicina 616.865
2. Hábito de fumar : Prevenção : Medicina 616.865
3. Tabagismo : Prevenção : Medicina 616.865

Editor
Antonio Cestaro

Coordenação Editorial e Revisão
Lucimara Leal

Depoimentos: Consultoria e Redação
Stela Galvão

Preparação de Texto
Vivian Mina Matsushita

Foto da Capa
Jacir Santos

Projeto Gráfico e Editoração Eletrônica
Walter Cesar Godoy

Alaúde Editorial Ltda.
R. São Paulino, 221 - CEP 04019-040 - São Paulo - SP
Telefax: (11) 5572-9474 / 5579-6757
alaude@alaude.com.br
www.alaude.com.br

Sumário

Apresentação

Este livro provocou uma tempestade de verão em minha alma, fez um rebuliço, desencadeou lembranças, análises, pensamentos... que passaram rapidamente e deixaram uma agradável sensação de frescor... de amor e crença na vida.

Sou médica pneumologista há 26 anos. Conclui a residência médica no Hospital do Servidor Público Estadual de São Paulo e permaneci neste serviço como médica assistente e preceptora dos novos residentes. Nessa ciranda de pacientes, atividades e discussões científicas, participação em associações e sociedades representativas, iniciei-me no controle do tabagismo com a implantação do ambulatório de tabagismo para funcionários do IAMSPE, em 1999. Já me multipliquei um pouco em cada um dos residentes com quem discuti casos, condutas, e com os quais também aprendi e ainda aprendo muito. Com certeza tenho um carinho tanto maternal quanto de professora por cada um deles - e que orgulho senti quando Camille e Sérgio, que estão envolvidos há muitos anos no estudo e na prática do controle da dependência ao tabaco, vieram me falar deste livro.

Este universo médico e, em particular, da pneumologia remete-nos à constatação de que essa especialidade abraçou a questão do tabagismo de forma total. É certo que todos os profissionais da saúde estão atentos a essa questão, e até de forma mais intensa após a ratificação da Convenção

Quadro de Controle do Tabaco* pelo Brasil em 2005. Mas nós, pneumologistas, lidamos com inúmeros casos de câncer de pulmão e doença pulmonar obstrutiva crônica (mais conhecida como enfisema) - doenças tabaco-relacionadas, e fazemos nossa prática de ponta a ponta: de um lado prevenindo essas patologias com o tratamento para interrupção do tabagismo, e de outro tratando as conseqüências desta legalizada, porém não menos devastadora, dependência química à nicotina. Por isso, considero natural o caminho percorrido pelos pneumologistas e toda contribuição que vem sendo dada por esses profissionais no controle do tabagismo.

A idéia de escrever um livro para o tabagista é extremamente feliz e oportuna, não com receitas mágicas, mas sim com uma abordagem madura, de leitura fácil e compreensível, como a que vemos aqui, fazendo entender como se inicia e se mantém a dependência - a questão da auto-afirmação, a fuga dos problemas, a busca pela sensação prazerosa e depois a tolerância e o condicionamento levando à manutenção do vício. Depois, os autores deste livro estimulam a tomada de atitude, o passo inicial da caminhada em direção à interrupção dessa dependência, e aqui esta obra funciona como um braço amigo, que apóia e empurra sempre um pouco adiante. Finalmente os depoimentos de personalidades do âmbito artístico e público mostram que a problemática da dependência ao tabaco é semelhante para todos. E assim é o caminho até a interrupção do tabagismo, um convívio com os mais variados sentimentos: incertezas, dificuldades, inseguranças e, finalmente, o resgate da auto-estima, da saúde e até de um novo estilo de vida.

O livro *Apague o cigarro de sua vida* contribui de forma significativa para o processo educativo que deve ocorrer em todos os níveis, envolvendo toda a população, e este é,

* Convenção Quadro de Controle do Tabaco: acordo mundial firmado entre 192 países, coordenado pela Organização Mundial de Saúde, que propõe metas em diversos níveis, do plantio do tabaco a medidas educativas, para o controle do tabagismo.

a meu ver, o ponto mais importante do PNCT (Programa Nacional de Controle do Tabagismo).

Camille, Maria Stela e Sérgio têm pautado suas carreiras na questão do tabagismo, consolidando o PrevFumo da UNIFESP, com a publicação e apresentação de trabalhos, inclusive premiados, sobre esse tema, e coordenando ambulatórios em várias entidades particulares. Não lhes faltam experiência e credenciais para escrever um livro no qual coloquem toda a sua bagagem à disposição de todas as pessoas que querem parar de fumar, contribuindo para o sucesso dessa empreitada.

Tenho certeza de que este livro provocará em todos, que direta ou indiretamente estão envolvidos na questão da interrupção do tabagismo, o impacto dos grandes acontecimentos da vida, que nos fazem avaliar conceitos, vivências e emergir de tudo isso muito melhores. É como atravessar o inferno e sair transformado... Essa é a sensação de parar de fumar.

Maria Vera Cruz de Oliveira

Introdução

O tabagismo é hoje a principal causa de doenças preveníveis da humanidade. Afeta aproximadamente 1,3 bilhão de pessoas, além de expor uma quantidade ainda maior aos riscos do tabagismo passivo. No Brasil, cerca de 24% dos adultos com 35 anos ou mais são fumantes (28% dos homens, 20% das mulheres).

Apesar desses números alarmantes, há muita coisa boa acontecendo neste campo de batalha. E, melhor ainda, muita coisa boa acontecendo aqui mesmo, em nosso país. O tabagismo vem apresentando prevalência decrescente no Brasil, ou seja, o percentual de fumantes em comparação ao total da população vem diminuindo progressivamente. Na década de 1990, os fumantes no Brasil correspondiam a um índice superior a 30% da população, portanto, um número muito maior que o atual. Os homens têm levado a melhor: o declínio da prevalência no sexo masculino tem sido muito mais acentuado que entre as mulheres.

As mulheres e os adolescentes têm sido a grande preocupação entre os estudiosos do assunto. Parecem ser grupos de resistência às campanhas e aos reiterados avanços na legislação nacional. Outro grupo que vem chamando a atenção é o dos idosos fumantes: progressivamente mais numeroso, em decorrência do rápido crescimento da expectativa de vida do brasileiro.

O tema é ameaçador à saúde de muitos. Inocentes que caminham pelas ruas ou atravessam as metrópoles de metrô, sem saber que o risco é real, sem saber que o sofrimento é um produto à venda. Este livro pretende abordar o tema com objetividade e simplicidade, tornando-o acessível a todos.

Depoimento

Dr. Drauzio Varela
oncologista, 63 anos

Perdi meu irmão, Fernando, há 14 anos, vítima de um câncer muito provavelmente causado pelo hábito de fumar. Eu já havia parado de fumar 15 anos antes e todo dia falava com ele: "pára, pára". Mas não adiantou. Então ele desenvolveu o câncer e parou de fumar no dia em que descobriu. Eu ainda pensei: "tomara que não tenha sido tarde". Mas foi. Eu era muito ligado ao Fernando, apenas três anos mais novo que eu. Nós não só trabalhávamos juntos como tínhamos um projeto de vida. Meu irmão foi operado para remoção do tumor, mas morreu menos de um ano depois. É chocante ver uma pessoa morrer quando a vida dela está no auge.

Agora, sobre a minha experiência de largar o cigarro, posso dizer o seguinte: quando você pára de fumar, o fôlego melhora em duas ou três semanas, a circulação sangüínea também. Você começa a sentir o gosto da comida, o cheiro das coisas. O sono fica mais tranqüilo e a respiração, não dá nem para acreditar como melhora. Chega de adiar esse momento. Respire fundo e tente já. Jogue aquele maço amarrotado no lixo para sempre.

É preciso haver disposição da sociedade e seriedade política para desestimular o hábito de fumar e a oferta de cigarros. Para isso, algumas medidas sugeridas pelos técnicos, que não implicam gastos, poderiam ser implantadas a curto prazo:

1. *Aumento de impostos. Em nenhum país civilizado é possível comprar um maço de cigarros por meio dólar. Está provado que quanto mais caro o maço, menor o número de cigarros fumados;*
2. *Proibir todos os tipos de publicidade. Toda e qualquer propaganda de uma droga que provoca um tipo de dependência tão difícil de vencer, tanto sofrimento físico e tantos óbitos, deve ser banida;*
3. *Incluir no currículo obrigatório das escolas aulas sobre os problemas causados pelo cigarro;*
4. *Proibir o fumo em lugares públicos. Não está certo obrigar quem não fuma a inalar fumaça alheia. E a proibição ajuda o fumante a adquirir mais controle sobre o vício;*
5. *Oferecer tratamento gratuito para os que quiserem largar o hábito de fumar. Hoje existem grupos de apoio, adesivos e chicletes de nicotina, além de medicamentos que ajudam a vencer as crises de abstinência. É ignorância deixar de oferecê-los gratuitamente aos fumantes, ainda que não seja por razões humanitárias: sai muito mais em conta do que esperar que eles desenvolvam câncer, sofram um infarto ou derrame cerebral.*

Capítulo 1

O combate ao tabagismo no Brasil

Falamos muito sobre a necessidade de controlar o avanço do tabagismo entre as crianças e os adolescentes e como oferecer condições ideais de tratamento aos fumantes que não conseguem parar por conta própria. Porém, pouco falamos sobre a situação do combate ao tabagismo em nosso país, em comparação com o resto do mundo.

O Brasil é considerado um dos países com melhores resultados no combate ao tabagismo. Muito tem sido feito para tornar a legislação rica em recursos para reduzir o contato de crianças e adolescentes com o cigarro (e outros produtos feitos com tabaco) como, por exemplo, a proibição de comerciais em meios de comunicação e a proibição da venda de cigarros em instituições de ensino e a menores de 18 anos de idade. Além disso, o Brasil foi um dos pioneiros na estratégia de informar melhor o fumante sobre os possíveis (e prováveis) malefícios trazidos pelo tabagismo, seja por meio de mensagens escritas ou de imagens de alerta nos maços de cigarros. Vários países vêm desenvolvendo seus próprios métodos de combate ao tabagismo com base no bem-sucedido modelo brasileiro.

Desenvolver legislação rigorosa é uma das estratégias mais baratas para se proteger a população da disseminação avassaladora do consumo de tabaco. O custo é, na maioria das vezes, apenas político. Por esse motivo, esta tem sido uma ferramenta cujo o uso é muito estimulado pelos organismos internacionais e proposto também, principalmente, para países mais pobres. Proibir o tabagismo em locais fechados, determinar separação de ambientes para proteção de não-fumantes, proibir comerciais de marcas de cigarros em meios de comunicação, proibir a venda a menores de 18 anos, proibir a venda em estabelecimentos de ensino, exigir a utilização de filtros em cigarros comercializados, utilizar os maços de cigarros como veículos para a transmissão de informações sobre os malefícios que podem ser causados pelo seu consumo regular e outros, são exemplos das conquistas nacionais nessa área.

Deve-se destacar também que muito do que foi feito teve no Canadá sua maior inspiração, pois é naquele país que encontramos as mais avançadas estratégias de restrição à iniciação e à manutenção do tabagismo.

A imposição de elevados impostos ao cigarro manufaturado é também um ótimo recurso. É comum que as pessoas reduzam o número de cigarros consumidos por dia quando o salário do mês está acabando, não é verdade? Seguindo o mesmo raciocínio, a Organização Mundial de Saúde já realizou estudos avaliando o impacto da elevação de impostos sobre o cigarro. Resumindo, já está comprovado que se o cigarro ficar mais caro, grande parte dos fumantes passará a fumar menos. Nesse campo, o Brasil pode ampliar muito suas ações, mas, para isso, o interesse político teria de ser maior.

Outra forma de tentar controlar a expansão do tabagismo é proteger crianças e adolescentes da iniciação ao consumo de drogas. Atualmente, essa iniciação se dá entre os 12 e 16 anos de idade, sendo mais precoce nas grandes metrópoles. As intervenções públicas para esse controle ainda estão em estudo no mundo inteiro, mas já está bem claro para todos que o melhor caminho é educar crianças e adolescentes para dizer "não" quando forem instados a experimentar qualquer droga, ilícita ou permitida.

Não existe um modelo definido de como deve ser feita essa "educação para não fumar". Deve, indubitavelmente, começar dentro de casa, ainda nos primeiros anos de vida da criança, e se estender até o final da adolescência. Aproximadamente 90% dos fumantes começaram a fumar antes dos 18 anos de idade. Portanto, após essa idade o número de pessoas iniciando-se no tabagismo é muito pequeno. Isto devese ao fato de que a busca pelas drogas está muito relacionada aos períodos da vida em que estamos mais vulneráveis, fragilizados, inseguros. A adolescência é um período assim, quando questionamos exemplos, construímos nossa personalidade e nos descobrimos por inteiro. É uma época repleta de novas responsabilidades, desafios e frustrações. Nesse momento, o cigarro bate à porta do jovem e ele deve dizer "sim" ou "não". Se ele disser "sim", em poucas semanas ou meses já poderá tornar-se dependente da nicotina e, em média, fumará durante vinte anos antes de parar de fumar definitivamente. Muitas vezes, só deixará o cigarro quando já estiver doente.

Hoje, cerca de 20 a 25% da população brasileira é fumante e estudos mostram que essa prevalência é maior nas grandes capitais. Esse porcentual está diminuindo, mas entre os homens essa redução ocorre em velocidade maior que entre as mulheres. Mesmo assim, no Brasil, o tabagismo ainda afeta mais a população masculina que a feminina.

Um terceiro mecanismo para controlar o número de fumantes é auxiliar os fumantes atuais a abandonar o cigarro. No Brasil, já existem muitos centros de tratamento do tabagismo, grande parte deles estruturada por instituições de ensino da área de saúde. Nesses locais é possível obter orientações e acompanhamento de profissionais especializados no tratamento do tabagismo, fator que influencia muito os resultados finais positivos. Esses profissionais são responsáveis por um trabalho incessante e dedicado, que ignora as dificuldades existentes, como a baixa remuneração, a dificuldade dos pacientes em adquirir os medicamentos que podem ajudá-los a parar de fumar (pois estes ainda são caros e pouco acessíveis à grande parte da população brasileira), o grande volume de interessados que sobrecarregam os serviços gratuitos e, como se já não fosse pouco, as próprias dificuldades em se parar de fumar.

O PrevFumo (Núcleo de Apoio à Prevenção e Cessação do Tabagismo),um dos serviços pioneiros na abordagem do tema no país, pertence à disciplina de Pneumologia da Unifesp (Universidade Federal de São Paulo) e foi fundado em 1990 pelo Professor Doutor José Roberto Jardim, um dos vanguardistas na luta anti-tabagista brasileira. O Doutor Jardim continua atuando na área, e atualmente é diretor do Centro de Reabilitação Pulmonar da Unifesp, onde funciona o PrevFumo. O serviço conta com quase 20 profissionais em esforço constante para superar a marca de 4 mil atendimentos anuais alcançada em 2005, orgulhando-se de obter uma das melhores taxas de sucesso na cessação do tabagismo em todo o Brasil. O PrevFumo atende gratuitamente fumantes que estejam interessados em obter apoio especializado para deixar de fumar.

Controlar o tabagismo no Brasil tem sido uma luta difícil, mas com bons resultados. A maioria dos fumantes brasileiros contempla a idéia de parar de fumar, mesmo que este seja um desejo distante. Porém, não é assim no mundo inteiro. Há países onde a prevalência do tabagismo está crescendo fora do controle das autoridades, atingindo proporções epidêmicas. Essa tendência pode ser observada também nos países mais desenvolvidos, onde ocorre de forma silenciosa.

Ziraldo

escritor e cartunista, 73 anos

Fumei dos 17 aos 57 anos quatro maços de cigarro por dia. Tentei largar mais ou menos 20 vezes, era um sofrimento. Tudo fedia, o estúdio, o carro, a roupa. Tantas vezes tirei o carro da garagem tarde da noite para procurar um bar aberto que vendesse cigarros. E o pior é que ao longo desse processo, descobri que quanto mais gente estiver no nosso pé, em campanha contra o hábito de fumar, é pior, torna o fumante até mais resistente. Eu cheguei ao limite de ter quatro cigarros acesos simultaneamente. Criei até mesmo um sistema de armazenamento de fósforos com uma superfície externa que permitia que eu acendesse nela os cigarros.

Achei que nunca pararia, até que fui convidado pelo Ministério da Saúde para fazer as ilustrações de uma campanha antitabaco. Aí eu pensei: ou eu faço a campanha e paro de fumar, ou não faço e continuo. A mensagem da campanha era direta, falava que fumar é brega, deselegante e que fede. A campanha saiu, fez sucesso, mas eu só parei mesmo numa madrugada em que estava desenhando, com o cigarro queimando ao lado da prancheta e outros cinco espalhados pelo estúdio. Nesse momento o pincel tocou a cinza de um cigarro, que grudou nas cerdas, sujou tudo e estragou o desenho. Nessa hora eu dei um basta. Joguei fora todos os maços que guardava e toda a parafernália que usava para acender os cigarros e decidi que nunca mais colocaria um cigarro na boca. E cumpri a promessa.

Depois que parei de fumar, passei a dormir melhor, a acordar menos cansado e a ter menos ressaca de manhã. Como efeito colateral, engordei, mas logo voltei ao meu peso normal com uma dieta. Percebi que a minha grande ressaca não era do uísque porque nunca mais sofri desse mal. Também percebi que as pessoas têm cheiro de corpo e mau hálito. Até então eu não havia percebido que as pessoas exalam seus maus odores.

Então, se você quer se livrar do vício de fumar, tome ódio e antipatia do cigarro, perceba o fedor que existe ao seu redor e se dê conta de que fumar é uma idiotice.

Capítulo 2

Tabagismo e herança genética

Nem passa pela cabeça de muitas pessoas que o cigarro tenha alguma relação com a hereditariedade. Mas o que é hereditariedade mesmo? É muito simples. Você é fruto da mistura das características de seu pai e de sua mãe, certo? Pois bem, eles lhe transmitem essas características para que um dia você possa dar continuidade à família transmitindo-as aos seus filhos. Essa capacidade de passar informações que estão nos seus genes aos seus descendentes é chamada de hereditariedade ou herança genética.

Mas tabagismo tem mesmo alguma coisa a ver com isso? Claro que sim! A ciência já conseguiu provas inequívocas de que para ser fumante precisamos ter algumas características que favoreçam a continuação do vício, por exemplo, há muitos jovens que, ao experimentar o primeiro cigarro têm uma intolerância muito grande e passam mal: enjôos, dores de cabeça e tontura são os sintomas mais comuns. Se esses sintomas duram por longo tempo, a pessoa não terá interesse em experimentar de novo o cigarro e vai passar o resto da vida contando aos amigos que não tolerou sua experiência com o cigarro. Esse jovem foi "protegido" pelo fato de ter dificuldade em metabolizar ("digerir") a nicotina. O fígado é responsável pela metabolização da nicotina em nosso corpo. Portanto, herdar de nossos pais essa característica pode ser um fator "protetor" para nós, fazendo com que nunca venhamos a fumar continuamente.

Sabemos, então, que a interferência genética existe, porém, ela não está apenas nas características que podemos herdar, que dizem respeito ao funcionamento do fígado. No cérebro, existem estruturas de células nervosas relacionadas à maior predisposição para tornar-se fumante ou não. No mundo inteiro, existem muitas pesquisas em andamento que buscam encontrar outras características hereditárias que podem significar predisposição ao tabagismo (ou proteção contra ele). A genética é uma ciência em franca expansão no mundo moderno e no futuro poderemos saber antes de um bebê nascer quais doenças ele terá quando crescer. Com isso, poderemos aplicar tratamentos precoces, de prevenção às doenças, evitando que elas venham a se desenvolver. Será que teremos a possibilidade de proteger uma criança ou um adolescente de tornar-se fumante a partir de uma terapia genética? Tudo indica que sim. Isso tudo parece um pouco com ficção científica, mas está mais próximo de nossa realidade do que podemos imaginar...

Com esses conceitos, fica mais fácil compreender que fumar não é apenas uma escolha pessoal. Não basta querer ser fumante. Se o jovem experimentar e passar mal, ele não vai conseguir fumar regularmente. Ou seja, não basta querer ser fumante: tem que poder. E nós conhecemos muitas pessoas assim, que experimentaram o cigarro alguma vez na vida e desistiram de tentar por causa da intolerância.

Mas e aqueles que experimentam e não passam mal, ou têm sintomas desagradáveis muito brandos? Estes tentarão fumar de novo e, após algumas semanas ou meses, já estarão consumindo cigarros regularmente. O desenvolvimento da dependência pode ser muito rápido ou, então, demorar semanas ou meses. Se você é fumante, saiba que todo esse assunto de genética, hereditariedade, fígado e cérebro dizem muito respeito a você. Aposto que nem desconfiava!

Você sabe, entretanto, que nem todos os filhos de fumantes serão fumantes também. Ao contrário, a maioria deles não fuma e odeia o vício dos pais. Isto significa que a transmissão das características hereditárias pode ou não ocorrer. Em outros termos, ela é muito variável. Como as outras características do ser humano, podemos ou não herdá-las do pai ou da mãe. Por exemplo, você pode conhecer alguém que tenha olhos azuis iguaizinhos aos da mãe, mas o pai tem olhos castanhos. Há inúmeros exemplos disso. Quando falamos de tabagismo existe um outro aspecto que pode interferir no risco de um jovem tornar-se fumante: a influência do ambiente no qual ele vive. Se ele tem amigos e pais fumantes, é claro que ele vai estar mais propenso a ser fumante um dia, desde que seu organismo tenha herdado características favoráveis, como já discutimos. Se, pelo contrário, ele nasceu em uma família de não-fumantes, recebeu uma educação que orientou sobre os riscos do tabagismo à sua saúde e tem um círculo de relacionamentos livre de vícios, ele terá uma chance muito pequena de fumar um dia, mesmo que o seu organismo seja um bom metabolizador de nicotina. Na verdade, esse jovem tem grandes chances de nunca tentar colocar um cigarro na boca, o que o protegerá de tornar-se dependente.

Lembre-se de todas essas questões sempre. Proteja seus filhos, parentes e amigos queridos da exposição passiva ao cigarro. O ambiente pode influenciar muito na decisão futura que eles tomarão de fumar ou não. Sobre essas questões ambientais nós podemos agir razoavelmente. Sobre a questão genética ainda não pelo menos por enquanto.

Foto: Jairo Goldflus/Símbolo Imagens

Helena Ranaldi
atriz, 40 anos

Fumei durante 20 anos, ou seja, desde os meus 17 anos, em média um maço por dia. Parei aos 37 anos. Durante muitos anos tive esse desejo de parar de fumar, mas passei pelas mesmas dificuldades que a maioria dos fumantes quando resolve largar o vício.

Resolvi, então, marcar uma data para parar depois da estréia de uma novela em que eu fazia uma personagem que era professora de educação física. Decidi aproveitar a personagem e substituí o cigarro pelas atividades físicas, trazendo para a minha vida a situação que estava vivendo na novela. Passei a nadar e a controlar a alimentação para não engordar. Senti-me vitoriosa quando completei quatro meses em total abstinência.

Um dos maiores incentivadores nessa batalha foi meu filho Pedro, na época com cinco anos. Parei de fumar para engravidar, mas acabei voltando, porque chegava a sonhar com um cigarrinho. Só fumava na varanda de casa, lavava as mãos, esvaziava os cinzeiros, mas, mesmo assim, Pedro vivia reclamando. Minha força de vontade cresceu de tanto ele falar.

No começo foi difícil - eu chegava, às vezes, a abrir a bolsa automaticamente em busca do maço. Mas, depois que tomei a decisão, foi definitivo: nunca mais dei uma tragada. Claro que muitas vezes deu vontade de fumar um cigarro, mas tive consciência de que eu não poderia dar nenhuma tragada, porque isso me faria voltar a fumar como em outras vezes anteriores.

Depois que parei, minha saúde melhorou visivelmente. Meu paladar melhorou, meu cheiro, minha resistência física e também a minha pele. A dica que dou para aqueles que desejam parar é uma só: jamais façam concessões que te permitam voltar atrás. Fuja daquela tentação de dar uma tragada ou fumar um cigarro de vez em quando. Parar de fumar deve ser uma decisão sem volta.

Capítulo 3

Por que eu comecei a fumar?

O que nos leva a começar a fumar e depois continuar fumando? Hoje já se sabe que muitos são os fatores que fazem com que as pessoas comecem a fumar. A maioria dos fumantes inicia o hábito tabagístico entre os 15 e 17 anos, sendo que nos dias atuais essa idade tem se aproximado mais dos 13 anos; dificilmente, um indivíduo começará a fumar após os 20 anos.

Crianças que crescem sob a cartilha dos anúncios do tabaco têm dificuldade em aceitar os argumentos dos pais e educadores de que o uso do tabaco é prejudicial à saúde. Por exemplo, a associação de uma marca de cigarro ao seu esporte favorito leva a criança e o adolescente a terem uma menor resistência com relação àquela marca. Dessa forma, o indivíduo cria valores positivos e os relaciona à marca patrocinadora do evento esportivo. A adesão ao vício é, conseqüentemente, facilitada.

Adolescentes podem buscar no cigarro uma forma de auxílio para momentos de dificuldade e conflitos de relacionamento. Vamos imaginar um exemplo prático: Carlos tem 15 anos e, como quase todo adolescente, tem encontrado certa dificuldade em conciliar as cobranças dos pais com os desejos comuns aos jovens de sua idade (festas, namoros, "baladas" etc). É fácil compreender porque Carlos vem sofrendo muitas pressões. O corpo mudou radicalmente e as responsabilidades na escola aumentaram. Seus amigos já estão namorando, saindo e, portanto, começaram a se expor à vida em sociedade, fora do ambiente familiar. Além disso, Carlos tem observado que o diálogo com seu pai já não é tão bom e recentemente teve discussões um pouco mais ríspidas por causa do seu mau rendimento escolar. Ele perdeu o interesse pela escola e sente-se melhor na companhia de seus colegas de "balada" do que no seio da família.

Hoje à noite Carlos saiu com dois amigos que começaram a fumar recentemente. Um deles, após um longo bate-papo, ofereceu-lhe um cigarro para que ele apenas "experimentasse". Carlos recusou inicialmente, mas seus amigos insistiram. "Você não tem opinião própria?", perguntou Cláudio; "Tem medo de fumar porque a mamãe disse que faz mal?", Celso riu estrondosamente. Carlos nesse exato momento sentiu medo, mas a curiosidade era muito grande. "Será que eu devo mesmo experimentar?", perguntou-se. "Um dia todo mundo prova, só pra ver como é. E eu já não sou mais criança, meus pais não mandam mais em mim". E Carlos experimentou.

A adolescência é a fase das dúvidas, das transformações e da necessidade de aceitar a si mesmo e ser aceito pelos outros. O adolescente pode começar a fumar para buscar apoio, por rebeldia, para superar a timidez, para mostrar independência em relação aos pais, para ser aceito em seu grupo social ou pela simples imitação do comportamento de outra pessoa. Carlos pode ter fumado por qualquer um desses motivos, ou até mesmo pela somatória de vários deles.

Muitas vezes, o adolescente vive em harmonia com os pais, tem um bom rendimento escolar, seus amigos não fumam, mas convive em seu próprio domicílio com um fumante. Como convencer um adolescente de que o cigarro é algo a ser evitado se uma das pessoas que ele mais admira fuma em sua frente todos os dias? Como já mencionamos, muitos jovens imitam um modelo ao começar a fumar. Esse modelo pode ser um amigo, o primo predileto, um artista com perfil rebelde ou até mesmo o pai ou a mãe.

Fumar é uma forma de buscar auto-afirmação, essencial para a vida em sociedade. Pode ser também um refúgio, uma fuga dos problemas existenciais. É por esse motivo que o vício inicia-se antes dos 20 anos de idade na quase totalidade dos fumantes.

Outro fator que leva os adolescentes a fumar é a forte influência das campanhas publicitárias que sugerem que o cigarro pode ser a solução para todos os problemas. Além disso, associam ao fumante a imagem de um indivíduo seguro, de boa aparência, independente, bem-sucedido, esportivo e com controle de suas emoções. O cigarro é apresentado à criança e ao adolescente como uma forma de ingressar no mundo adulto. É vinculado de forma integrada aos conceitos de beleza, juventude, vigor físico, coragem, sucesso e, enfim, felicidade.

Sensações prazerosas reforçam comportamentos. Sempre que descobrimos o prazer em determinada atitude passamos a repeti-la espontaneamente. Porém, é muito comum termos momentos de angústia e frustração na vida, o que nos faz procurar diferentes formas de nos livrarmos da dor. Qualquer droga propicia prazer imediato, como se fosse uma "válvula de escape", uma fuga. O vício relacionado ao cigarro se instala de forma lenta e sorrateira, em que ocorre perda do autocontrole, negação e necessidade compulsiva de continuar fumando. Dificilmente, o dependente admite a perda de controle em relação à droga. O que se observa é que isso ocorre quando o fumante precisa aumentar lentamente a quantidade da substância utilizada para obter a mesma satisfação.

Crianças e adolescentes são o principal alvo da indústria do tabaco atualmente. É fato conhecido que, a melhor forma de aumentar o consumo da droga nicotina, garantindo os futuros "clientes", é estimular a entrada dessa população no grupo de consumo. E para se tornar dependente é preciso experimentar. Cerca de 50% dos jovens que experimentam o cigarro vão se tornar fumantes.

Diogo Vilela

ator, 49 anos

Fumei durante 34 anos em média um maço por dia. Minha decisão de parar realmente de fumar aconteceu quando decidi fazer um musical no teatro, em 2004, e percebi que estava com a voz muito prejudicada pelo cigarro. Passei a fazer aula de canto para o espetáculo e ficou claro que a performance da minha voz seria afetada se continuasse fumando. Depois que parei não tive nenhuma recaída. Eu tenho a convicção que, se tentar fumar um único cigarro que seja, volto imediatamente a ser fumante. Quando parei, fiquei muito ansioso, claro, mas a opção de parar foi mais forte, e a cada dia eu dava graças a Deus por não ter voltado.

Minha vida não sofreu muita alteração depois que tomei a decisão de parar de fumar. O que mudou realmente, para melhor, foram o paladar e o olfato. Agora sinto mais o gosto e o cheiro das coisas. Aliás, essa é uma fantasia de quem fuma. O cigarro fica meio mitificado e achamos que não saberemos viver sem ele. Só que a vida é a mesma, com ou sem cigarro, a grande diferença é que, quando não fumamos, ela tem mais qualidade, é claro, pois respiramos melhor.

O que me dá raiva, hoje em dia, é saber que contribuí durante 34 anos para uma indústria que vive de matar os outros. Acho que o cigarro é um vício sério que parece bem justificado no mundo estressante em que vivemos. Mas é usado como um artifício de grandes empresas para escravizar o homem, no pior aspecto de sua vida, que é a sobrevivência neste mundo violento e estressante. Acho que os donos das empresas de cigarros deveriam ser encarados como uma máfia, tão grande como a que vende outras drogas, e que deveria haver campanhas antitabaco mais sérias.

A minha dica para quem quer parar de fumar é: tenham raiva do cigarro! Assumam que ele faz mal, e que é perfeitamente possível viver sem ele.

Capítulo 4

Por que eu continuo fumando?

A curiosidade e a auto-afirmação são os principais fatores que levam as pessoas a começar a fumar. O que as mantêm fumando já é bem diferente. O responsável pela manutenção do hábito tabagístico é, em geral, uma conjunção de fatores, e não um fato simples e isolado.

É muito comum os familiares culparem o fumante por falta de vontade ou de determinação em parar de fumar, mas hoje sabe-se que alguns indivíduos terão realmente maior dificuldade em abandonar o cigarro mesmo com muita força de vontade, pois existe um ciclo vicioso da nicotina presente em seu cérebro. Conhecer esse ciclo é o primeiro passo para se livrar do cigarro.

Após aproximadamente seis meses fumando, o ciclo da nicotina já se instalou no cérebro de grande parte dos fumantes. Mas o que é esse ciclo, exatamente? Bem, todos nós temos uma grande quantidade de receptores cerebrais para executar várias funções. Esses receptores são estruturas que funcionam como fechaduras, esperando serem acionados pelas suas respectivas chaves. Nesse dispositivo chave-fechadura, toda vez que a chave se liga perfeitamente à fechadura executa-se uma tarefa específica. A nicotina é a chave e os receptores de nicotina são a fechadura. Cada vez que você fuma, em aproximadamente 10 segundos a nicotina chega ao seu cérebro e ativa os receptores de nicotina aí presentes. Imediatamente o cérebro libera as substâncias dopamina e serotonina. Essas duas substâncias liberadas dão sensação de prazer e relaxamento imediatos, promovendo ao fumante a sensação de bem-estar após a primeira tragada.

Com o passar do tempo, o seu organismo "aprende" que quando você fuma a nicotina ativa os receptores e, conseqüentemente, haverá sensação de bem-estar. Cria-se então um círculo vicioso, que funciona independentemente da vontade do fumante, pois quando os níveis de nicotina no sangue diminuem ou estão zerados, esses mesmos receptores enviam uma mensagem cerebral para repor os níveis de nicotina: é isso que provoca aquela vontade intensa de fumar um cigarro.

É fácil identificar essa mensagem do cérebro: você já percebeu como, logo após acordar, você tem muita vontade e prazer em fumar? Ou então, após horas em uma reunião ou atividade prolongada na qual você não pode acender um cigarro, fumar proporciona um alívio imenso? E ter que pegar um avião e voar durante horas, sem poder fumar um único cigarro, não te deixa apavorado? Pois é, nesse ponto o ciclo nicotina-receptor, definitivamente, já está instalado.

A partir daí começa a funcionar um mecanismo chamado tolerância: é necessário cada vez mais nicotina para promover a liberação de pequenas quantidades de serotonina e dopamina. Bem, aí você já sabe o que acontece, não é? O fumante passa a fumar gradativamente mais. Esse é o mecanismo relacionado a qualquer vício, mesmo o de drogas mais agressivas. É a necessidade de realimentar o ciclo.

A tolerância instala-se devagar; o adolescente que fumava cerca de quatro ou cinco cigarros ao dia, passa a fumar um maço na casa dos 25 anos, e chega aos 40 com dois maços. E quando acontece um imprevisto estressante então? Bem, aí ele fuma três maços naquele dia.

O ciclo que se instala entre a nicotina e o receptor cerebral (receptor que, na ausência da nicotina no sangue, envia uma mensagem de "vontade de fumar") está presente na maioria dos fumantes, embora seja mais intenso em alguns. Mas não pense que ele está mais presente nos fumantes de muitos cigarros ao dia, pois fumantes disciplinados de poucos cigarros ao dia podem ter esse ciclo muito ativo também. Esse ciclo é chamado de dependência física da nicotina. Quanto mais a dependência é ativa no fumante, mais difícil será parar de fumar.

Como saber a intensidade desse ciclo no meu organismo? Para ter uma idéia disso, basta responder ao Questionário de Fagerström, que está na página 103, e avaliar a sua pontuação; quanto maior a pontuação, maior a dependência em relação à nicotina.

Veja este exemplo: Nelson fez 40 anos e chegou à conclusão de que agora tem que levar a saúde mais a sério. Determinou que o primeiro passo será parar de fumar, hábito que traz desde os 16 anos, sendo que atualmente fuma dois maços por dia. Está determinado e programa-se para seguir sua resolução.

Nelson começa a segunda-feira com ânimo total, toma banho logo cedo, evita o café (pois lembra o cigarro da manhã) e vai para o escritório onde trabalha. Por volta das 10 horas da manhã ele já está inquieto, não consegue concentrar-se nas tarefas e sente-se tenso. Ufa, finalmente o almoço. Nelson almoça pensando na falta que o cigarro faz após as refeições, agitado e inquieto com os comentários dos colegas à sua volta. Lá pelo meio da tarde está uma pilha, discute com o colega que esqueceu de enviar um relatório e com a esposa que liga dizendo que a máquina de lavar está com problemas. Sai mais cedo do trabalho, nervoso, suando bastante e percebe um tremor nas mãos que nunca teve antes. Então, pára diante de uma padaria e compra logo um maço de cigarros, para poder enfrentar o trânsito. Sente-se impotente, pois percebe que seu primeiro dia sem o cigarro foi péssimo, e volta para casa aborrecido.

Veja que no caso de Nelson a dependência física trouxe diversos sintomas desagradáveis, que fazem parte da síndrome de abstinência, os quais costumam aparecer algumas horas após o último cigarro e podem ser bastante desagradáveis. Os sintomas mais comuns são: tremores, nervosismo, irritabilidade, suores, agitação, batidas do coração aceleradas, tontura e insônia. Mas, como se livrar da síndrome de abstinência? No capítulo 5, falaremos mais sobre isso.

A dependência física não é tão intensa em todos os fumantes. A dependência psicológica do cigarro também pode dificultar muito a tentativa de se livrar do vício. Veja este exemplo: Nívea tem 36 anos, fuma um maço por dia, é vendedora do *shopping center* do bairro, muito dedicada ao trabalho e motivada com uma promoção que recebeu recentemente pelo seu desempenho profissional. Percebe que o cigarro está atrapalhando sua vida, pois várias vezes ao dia tem que deixar a loja onde trabalha para fumar, e já observou alguns clientes afastarem-se quando percebem seu cheiro de cigarro.

Nívea começa nova vida sem cigarro logo após o Carnaval. Os primeiros dias são tranqüilos, algumas vezes pega-se procurando algo na bolsa e lembra-se de que já não fuma mais, além de sentir um pouco de saudade do cigarro à noite, quando assiste à televisão. Por volta da terceira semana sem o cigarro começa a sentir-se triste, desanimada e sem forças para trabalhar durante todo o dia. Sente agora muita saudade do cigarro, como se tivesse perdido um amigo querido, até sonha à noite que está fumando. Está deprimida e se pergunta se a saudade que sente do cigarro vale a pena. Desiste de sua missão no 27º dia após uma discussão tola com o marido. Está sentindo-se desamparada e deprimida. Volta a fumar.

Veja que a tentativa frustrada de Nívea foi bem diferente do ocorrido com Nelson. Nívea não apresentou a síndrome de abstinência física, mas os sintomas da dependência psicológica do cigarro. Vários estudos científicos recentes têm mostrado que aquelas duas substâncias - serotonina e dopamina -, liberadas quando se estimula o receptor da nicotina, estão muito relacionadas com sintomas depressivos e humor deprimido na sua ausência. Assim, a dependência psicológica costuma aparecer por volta da terceira ou quarta semana após o último cigarro e está presente com mais freqüência em mulheres, embora não seja exclusiva do público feminino.

O condicionamento aprendido durante anos também é uma barreira para algumas pessoas que decidem parar de fumar. Essas pessoas sentem-se impotentes diante de um comportamento que repetem há vários anos no momento em que terão de abandoná-lo por completo. Deixar de realizar algo que já tornou-se "automático" no seu dia-a-dia parece uma tarefa árdua.

Norma é uma professora aposentada de 58 anos, fuma desde os 18 anos, idade em que conheceu seu marido no baile de formatura de uma prima. Seu marido não fuma mais; teve um câncer na garganta, que operou recentemente, e está com hipertensão arterial ("pressão alta"). Ele parou de fumar sozinho, assim que o médico lhe falou que ambas as doenças que apresentava tinham relação com o tabagismo.

Como Norma é uma mulher inteligente, sabe que precisa parar de fumar antes que adoeça também, além do mais não quer fumar na frente do marido, sente-se constrangida. Mas, também sente-se impotente diante de hábitos que pratica há mais de 30 anos, como aquele cigarro junto do cafezinho, quando fala ao telefone, enquanto lê o jornal ou quando entra no carro. Está tentando reduzir o consumo de cigarros, mas quando se dá conta, já está com outro cigarro aceso na mão.

A influência da sociedade também é importante no hábito tabagístico. Cada vez mais os fumantes sentem-se pressionados e constrangidos quando entram em um local e não podem fumar, como um restaurante, um teatro ou mesmo em uma sala de reunião. Você já deve ter percebido que em algumas situações há uma verdadeira perseguição, e isto costuma incomodar muito aos fumantes. É a expressão da perda da liberdade.

Em outras situações, o convívio com fumantes pode ser decisivo na tentativa de livrar-se do cigarro. Imagine-se tentando parar de fumar em uma roda de fumantes, em uma festa. A cerveja é distribuída fartamente, e tem churrasco também! Tarefa difícil ficar sem fumar, não? Outro exemplo: parar de fumar em uma casa onde moram outros fumantes pode ser muito complicado.

Todos esses fatores que vimos neste capítulo são importantes: a dependência física, a dependência psicológica, o condicionamento e a influência social. Alguns fumantes têm fatores mais presentes que outros; alguns têm todos os fatores juntos. Qual desses fatores é importante em sua vida?

A partir do momento em que você passa a identificá-los, fica mais fácil criar uma estratégia para derrotá-los. Lembre-se de que nenhum deles é maior que a sua disciplina e força de vontade. No capítulo 5, abordaremos as estratégias para vencê-los.

Veja que Nelson, Nívea e Norma são pessoas inteligentes, querem o melhor para si mesmos, e estão sentindo-se impotentes diante do cigarro por motivos diferentes. Todos são capazes de vencer essa dificuldade e atingir seu objetivo: parar de fumar. E você? O que o impede de conquistar seu objetivo?

Depoimento

Goulart de Andrade
jornalista e criador do programa Comando da Madrugada, 72 anos

Quando parei, há 20 anos, fumava até três maços por dia. Foi o máximo a que cheguei em várias décadas de vício. No começo, se faltava cigarro, acendia talo de chuchu ou enrolava jornal para dar a sensação de que tragava alguma coisa. Era fumaça pura.

Um dia, estava no Alphaville 11 (condomínio fechado na rodovia Castelo Branco, em São Paulo), que fica no fundão do condomínio, eram 3h da manhã e estava editando um documentário. Quem estava comigo era o meu filho, Flávio, que fazia a trilha sonora do filme e já naquela época era um maestro respeitado. Pedi a ele que fosse buscar cigarros. Ele foi e teve que rodar muito - só conseguiu comprar cigarro em uma banca na esquina das avenidas São Luís e Ipiranga, no centro de São Paulo. Voltou só às 5h da manhã com o maço na mão. Eu fiquei tão envergonhado que larguei o maço ali mesmo e decretei que nunca mais pegaria num cigarro. Foi uma decisão provocada por uma intensa vergonha.

Eu tinha olheiras enormes, era magro, feio. Ainda sou um pouco, mas estou mais coradinho.

Quando parei, engordei um pouco, meu apetite melhorou, como também o paladar e o olfato. O fumante fica com nariz de perdigueiro depois que abandona o vício, porque o olfato vem à tona. Hoje, a minha namorada sofre, pois eu virei neurótico com cheiros em geral.

Tornei-me um antitabagista muito chato nesse aspecto. Não posso sentir cheiro de cigarro na roupa que me enjoa e nem chego perto da pessoa que está fumando. Na minha empresa, não admito que fumem - felizmente essa restrição virou lei em ambientes fechados. Fumar é definitivamente um ato selvagem porque prejudica aquela pessoa que está ali do seu lado.

Eu cheguei a sofrer uma recaída leve, cinco anos depois de ter tomado a decisão, mas adotei uma tática que funcionou muito bem. Todas as vezes em que sentia vontade de fumar, eu me enchia de água. Desde então, nunca mais fumei. E, sempre que tenho oportunidade, programo a reprise de um programa muito forte que fiz sobre os perigos do tabagismo. Nele, há o depoimento de um sujeito que perdeu parte do rosto em conseqüência do vício de muitos anos. É uma imagem terrível.

Capítulo 5

Por que é tão difícil parar de fumar?

As pesquisas mostram que cerca de 80% dos fumantes querem parar de fumar. No entanto, apenas 3% conseguem largar o cigarro a cada ano e a maioria desse grupo, pára sem ajuda.

A dificuldade que alguns fumantes enfrentam para parar de fumar está diretamente relacionada aos fatores que abordamos no capítulo anterior: dependência física, dependência psicológica e condicionamento. No caso dos fumantes que analisamos (Nelson, Nívea e Norma), cada um apresentava um fator específico, mas lembre-se de que freqüentemente o fumante apresenta um pouco de cada um deles, embora, em geral, haja a predominância de um fator.

Sempre vai haver aquele conhecido que fumou vários maços de cigarro por dia durante anos a fio e, de repente, parou de fumar de um dia para o outro, sem dificuldade e sem ajuda de ninguém. Como explicar o fato de alguns pararem de fumar com tanta facilidade?

Vamos analisar isso melhor. Por que será que alguns param de fumar com tanta facilidade e outros não conseguem, mesmo com muito esforço? É lógico que a dependência física intensa desanima alguns fumantes logo nos primeiros dias; a dependência psicológica impõe a sensação de vida inútil sem o prazer do cigarro e os condicionamentos "passam uma rasteira" na gente, fazendo com que vacilemos diante do vício tabagístico. Mas, com um pouco de ajuda, você poderá vencê-los.

Nós sabemos que, embora existam muitos tratamentos eficazes para ajudar a interromper o tabagismo, existe um diferencial poderoso para largar o cigarro: a motivação! Esta é uma ferramenta potente e fundamental para quem deseja deixar de fumar. Sem motivação não existe auxílio nem tratamento que funcione.

Sem dúvida, os fumantes de longa data que deixam o cigarro sem nenhuma ajuda, do dia para a noite, estão muito motivados. E, provavelmente, não apresentam dependência muito intensa. Mas jamais pense que eles não tiveram dificuldade em abandonar o cigarro, porque a motivação deles foi capaz de vencê-lo.

E se você está motivado, mas tem uma dependência (física ou psicológica) intensa? E se você tem condicionamentos muito fortes? É possível parar de fumar? Claro que sim! Você só precisa de uma pequena ajuda.

Na nossa experiência no Grupo de Cessação de Tabagismo, do PrevFumo, todos os meses recebemos vários pacientes que já tentaram várias vezes parar de fumar e nos procuram desanimados. Após participar do programa, muitos deles saem felizes e mais confiantes em sua capacidade de vencer dificuldades. Nós fizemos alguma mágica? É lógico que não. Nós fornecemos algumas orientações que são fundamentais para deixar o cigarro e aproveitamos a motivação que já existe dentro de cada um desses pacientes. Algumas vezes nós também administramos algumas medicações, as quais ajudam bastante, mas são ineficazes sem a motivação e o conhecimento sobre o vício tabagístico.

Um outro comentário que ouvimos com freqüência é: "Eu quero parar de fumar, mas como eu vou fazer isso se tenho tanto prazer em fumar? Será que vai dar certo?". Veja, a maioria dos pacientes que nos procuram tem prazer em fumar, mas sente que precisa investir mais na própria saúde e qualidade de vida.

O prazer em fumar está diretamente relacionado com o ciclo da nicotina no cérebro e a liberação das substâncias relacionadas à sensação de prazer e bem-estar - dopamina e serotonina -, como foi comentado no capítulo anterior. Imagine agora o prazer de ter uma vida livre do cigarro, banir de sua vida aquela aflição do maço de cigarros acabar e você não ter onde consegui-lo, ou melhor, pense em como será prazeroso ter uma vida mais saudável.

O processo de mudança faz parte da vida do ser humano. A cada novo evento em nossa vida temos que realizar escolhas e fazer concessões. Invariavelmente, temos que abrir mão de algo por uma conquista maior. Quando nos casamos e mudamos de casa, estamos muito felizes, mas temos que passar a viver longe de nossos pais e irmãos, às vezes até em outra cidade. Quando mudamos para um emprego melhor, ficamos contentes com a nova conquista, mas é triste nos despedirmos dos velhos amigos que ficam. Com o cigarro é semelhante. Lembre-se de que existe um prazer ainda maior nas suas futuras conquistas: mais saúde, mais qualidade de vida, mais economia, mais liberdade e muitas outras coisas que você vai descobrir com o tempo.

O que sempre falamos para os nossos pacientes é: escreva em um papel todos os aspectos positivos e negativos do cigarro, em colunas diferentes (a coluna positiva e a negativa). Não seja econômico, escreva tudo o que você sente em relação ao cigarro. Faça as contas do dinheiro que você investe mensalmente fumando, transcreva os comentários que seus familiares e pessoas queridas fazem sobre o cigarro e que lhe incomodam. Não se esqueça das coisas que motivam você a parar de fumar. Depois reflita sobre qual das duas colunas você quer para a sua vida. Desenhe uma balança e coloque cada coluna em cada prato da balança: qual deles pesa mais? Não se apresse, guarde o papel em um lugar onde você possa sempre consultá-lo quando estiver angustiado em relação ao cigarro (na bolsa, na carteira, na gaveta do escritório etc.). Pronto? Decidiu-se? Está mais motivado? Convicto de que parar de fumar é a melhor opção para a sua vida? Ótimo! Então, siga para o capítulo seguinte.

Cristina Altman
professora associada do Departamento de Lingüística da USP, 52 anos

Fumei dos 14 aos 40 anos em média um maço e meio por dia. Quando estava perto de parar, cheguei a fumar dois maços. Tentei parar seriamente uma ou duas vezes, mas não conseguia ficar sequer um dia longe do cigarro. Quando completei 40 anos, houve uma linha divisória. Eu me encontrava em um momento da vida de querer realizar muitas coisas, tinha grandes projetos, estava inaugurando linhas de pesquisa na universidade, motivadíssima para fazer muitas coisas. E, literalmente, não tinha fôlego para dar conta dessas atribuições.

Algum tempo depois, viajei para os Estados Unidos. Lá, era praticamente impossível fumar em qualquer lugar fechado. Comprei os adesivos de nicotina e, pela primeira vez, consegui ficar um dia inteiro sem fumar. Quando isso aconteceu, tive a convicção de que poderia parar. Tinha 42 anos. Foi a maior vitória da minha vida, inesquecível. Após esse marco, fumei eventualmente um ou dois cigarros. Mas, durante uma consulta, quando o médico perguntou se eu era fumante ou não, titubeei. Ele foi incisivo: "ou se é fumante, ou não,

não existe meio-termo". Acho que ali decidi de vez. Eu era não-fumante. E sou até hoje. Nunca mais coloquei um único cigarro na boca.

Não foi fácil, claro. Limpava armários, paredes, tudo para substituir o hábito de sentar com meu marido no sofá à noite para tomar vinho, conversar e fumar. Ele continuou a fumar e, embora eu continue a achá-lo um homem maravilhoso, agora percebo que ele (como todos os fumantes, aliás) cheira muito mal por causa do cigarro. O primeiro ano após o abandono do cigarro é difícil. Eu engordei 10 kg, passei a comer e a beber mais, tive que controlar a compulsão para recaídas, mas também pude contar com pessoas que me ajudaram a exercitar o autocontrole.

Então, veio a transformação. Iniciei um programa de exercícios, comecei a correr e hoje consigo percorrer quilômetros, apresentando uma forma física muito boa para a minha idade. Com o tempo fui equilibrando o peso, a pele ficou mais bonita, eu me sinto melhor e ainda mais ativa. Tive fôlego para realizar grande parte dos meus projetos.

O grande motivador para deixar de fumar foi a sensação de liberdade. O fumante vira escravo do cigarro. Ele não vai a lugar algum sem conferir antes onde e quando poderá fumar. Agora, eu posso ir aonde quiser, e ficar o tempo que desejar. Essa sensação de liberdade foi o maior reforço. O melhor é que vencer a batalha contra o cigarro dá uma sensação incrível de que podemos simbolicamente conquistar o mundo. Basta querer.

Capítulo 6

Apagando o cigarro da minha vida...

Pedro é um jovem executivo de 30 anos que fuma há 16, dois maços por dia. Assim como a maioria das pessoas, começou a fumar na adolescência, por influência de amigos, e logo passou a fumar um maço de cigarros ao dia. Durante a faculdade, com o estresse causado pelas avaliações e por problemas de saúde de seu pai, que também era fumante, passou a fumar dois maços por dia.

Pedro trabalha regularmente oito horas por dia em uma empresa multinacional que exige muito dele, porém, ele adora o que faz. Tem uma vida bem organizada e pratica natação todas as manhãs antes de ir para o trabalho. Durante a faculdade ele competia nos jogos universitários e sempre estava entre os primeiros classificados.

Ultimamente, Pedro começou a sentir que seu desempenho na natação já não era o mesmo. Passou a apresentar cansaço físico e falta de ar durante os treinos, chegando muitas vezes a nadar bem menos do que estava acostumado. Parou para pensar no que poderia estar acontecendo e ficou preocupado, pensando que poderia ter herdado os problemas cardíacos de seu pai. Procurou então um médico e fez todos os exames necessários e tudo estava em ordem, exceto por um detalhe: Pedro é fumante!

O médico teve uma longa conversa com Pedro sobre a ação do cigarro no organismo e os danos causados por ele, mesmo em uma pessoa que praticava esportes desde a infância, como Pedro. O médico orientou Pedro a parar de fumar, pois esse cansaço era resultado dos anos de tabagismo intenso, e ele era um adulto jovem e tinha muitas realizações a serem feitas em sua vida. O principal projeto de vida de Pedro no momento era ser pai, pois no campo profissional tudo estava indo muito bem.

Pedro saiu do consultório pensativo e refletindo muito sobre sua vida. Realmente, ainda tinha muitos projetos a realizar. Com todas as informações dadas pelo médico, ele pôde identificar realmente que o cigarro já não lhe dava mais o prazer que ele descobrira na adolescência e tampouco era a válvula de escape usada nos momentos de estresse. Ele simplesmente estava fumando de maneira automática, praticamente acendendo um cigarro atrás do outro. "Por que estou fazendo isso?", questionou-se. Pedro decidiu que era hora de parar de fumar. Guardou seus cigarros em uma gaveta e foi dormir pensando que a partir do dia seguinte não fumaria mais.

Na manhã seguinte foi para seu treino de natação como costumava fazer e, logo em seguida, para o escritório. Passou toda a manhã trabalhando intensamente e tomou seus dois cafezinhos como de hábito. Nesses momentos, sentiu uma vontade enorme de fumar, mas controlou-se e não fumou. No período da tarde, teve três reuniões exaustivas e, quando saiu do escritório, a primeira coisa que fez foi comprar um maço de cigarros e fumou até ir para a cama todos os 20 cigarros, compulsivamente. No dia seguinte, sentiu-se mal por ter fumado e ligou para seu médico contando o que havia acontecido. Marcou uma nova consulta e então os dois juntos planejaram a estratégia para Pedro parar de fumar definitivamente.

Pedro foi orientado a marcar uma data definitiva e, na véspera desse dia, fazer o que chamamos de "despedida do cigarro". Na despedida ele poderia fumar todos os cigarros que desejasse, porém, teria que se desfazer dos mesmos e de tudo que lembrasse o fumo, como cinzeiros, isqueiros etc. Além disso, deveria fazer uma análise da importância do cigarro para si mesmo, quais as conquistas positivas que teria se continuasse fumando e quais as conquistas positivas alcançaria se parasse de fumar. Também deveria lembrar sempre seu objetivo: "parar de fumar e por quê?". Foi o que ele fez. Decidiu parar de fumar no sábado seguinte e na sexta-feira fez a despedida conforme seu médico orientara. Mandou embora tudo que lembrava o cigarro e também fez uma análise do significado do cigarro para sua vida. "Na verdade, você não é mais aquele amigo pra todas as horas... está me dando uma rasteira, então a partir de agora você vai sair de minha vida e eu iniciarei uma nova fase, sem limitações para minha saúde e qualidade de vida."

Pedro, então, iniciou sua nova fase sem cigarros. Foi para o trabalho no dia seguinte e evitou todas as situações que lhe poderiam trazer lembranças do cigarro e despertar a vontade como: tomar aquele cafezinho, estar na presença de colegas fumantes, tomar a cervejinha no fim de semana com os amigos etc. Pedro sabia que essas mudanças não seriam definitivas em sua vida, seriam necessárias apenas durante o período de ação para cessar definitivamente seu hábito de fumar. Toda semana, Pedro visitava seu médico que lhe reorientava em relação ao tratamento, reforçando os ganhos que ele havia conseguido depois que parara de fumar como, por exemplo, a recuperação do fôlego logo após uma semana sem fumar. A melhora no olfato, no paladar, na coloração da pele (que já adquirira uma aparência mais bonita) e, o melhor de tudo, voltar a nadar como antes, sem sentir cansaço e limitações. Também pensava, é claro, em seu sonho de ser pai, o que provavelmente se realizaria no próximo ano, pois se casaria dentro de três meses e assim não teria que se preocupar com o perigo do fumo passivo para seus filhos.

Depois de oito semanas de tratamento e acompanhamento, Pedro estava muito bem como não-fumante. Sua qualidade de vida melhorou muito e seu rendimento, tanto no esporte como no trabalho, também melhoraram.

Toda a experiência que Pedro viveu nesse período foi um exemplo de como chegar ao momento de ação para definitivamente parar de fumar. Pedro inicialmente tentou fazê-lo sozinho, porém, não teve sucesso, e então procurou ajuda. Não importa a forma como isso acontece. Muitas pessoas conseguem parar de fumar sozinhas, outras não. O importante é acreditar que é possível "apagar de vez o cigarro de sua vida". Para isso, faça como Pedro: não poupe esforços e não desista se houver tropeços.

No próximo capítulo, detalharemos os passos a serem tomados para ajudar você a largar o cigarro definitivamente. Muito bom, não? Preste bastante atenção e não se esqueça de colocar tudo em prática. Boa sorte!

Depoimento

Luiz Thunderbird
música e maratonista, 44 anos

Fumei dos 15 aos 38 anos entre um maço e um maço e meio de cigarros por dia. Em 1997, quando estava usando outras drogas pesadas, fiz um tratamento para parar com todas elas, incluindo a bebida. Só sobrou o cigarro. Um ano depois, decidi parar de fumar. Pensei: "se não vou morrer de overdose*, faz sentido morrer por causa de um câncer?" Na primeira tentativa, fiquei 14 horas sem fumar. Voltei logo para o cigarro.*

Finalmente, em 27 de outubro de 1998, uma data que jamais esquecerei, fui convidado por um amigo para correr no Parque do Ibirapuera. Correr, eu? Correr pra onde? Mas fui. Na pista de cooper*, tive um pequeno "piripaque" que foi vexaminoso para mim. Lembro até hoje da curva onde tudo aconteceu. Eu estava com dois maços de cigarro no bolso. Joguei no lixo. Eu já tinha parado com coisa muito mais pesada, mas com o cigarro foi muito difícil. Os primeiros dias e meses são terríveis, mas o fardo vai pesando menos à medida que o tempo passa. O primeiro ano pós-fumo é complicado, depois vai ficando mais fácil.*

Comigo, funcionou a idéia de que a única coisa que poderia me segurar contra a vontade de fumar seria praticar um esporte. Então, quando eu tinha um impulso em direção ao cigarro, ia correr. Corria pouquinho no começo, mas me sentia bem. O que me ajudou bastante também foi o auxílio de um personal trainer *que me deu a maior força na ginástica e no preparo para as corridas. Fiquei mais estimulado e já corro maratonas, incluindo a São Silvestre. Uma dica é lembrar-se de consultar com um médico para avaliar seu estado geral de saúde antes de iniciar uma atividade física.*

Quando eu fumava, achava impossível parar. Não concebia a minha vida sem um cigarrinho. Só descobri que isso era um mito, uma mentira, depois que parei. É preciso uma boa dose de vontade para ficar uma hora, meio dia, meio mês, meio ano, até completar o ciclo de dizer não ao cigarro.

Capítulo 7

Colocando em prática

Durante a leitura deste livro, você ficou conhecendo a história de várias pessoas que lutaram muito para largar o cigarro. Algumas conseguiram, outras não. Neste capítulo, detalharemos algumas estratégias práticas para você, fumante, entrar para o grupo dos bem-sucedidos: aqueles que conseguiram parar de fumar.

A primeira questão que abordaremos é o seu envolvimento com todo esse processo. Se você chegou até aqui, está realmente se esforçando. Ou seja, você está motivado. Como já foi colocado anteriormente, isso é fundamental. Mantenha-se forte nesse propósito: você vai conseguir!

Programe um dia para parar de fumar. Qual será esse dia? Você escolherá. Não marque datas muito distantes, é melhor escolher um dia que esteja próximo. Seria bom se esse dia tivesse algum significado especial para você, por exemplo, aniversário de algum familiar, data comemorativa, fim de semana etc.

Depois de feita a escolha, comunique-a às pessoas mais importantes para você, como familiares e amigos. A decisão de comunicar deve, entretanto, ser bem pensada. Alguns fumantes têm receio das cobranças. Se você acha que isso poderá incomodá-lo, cuidado. Em algumas situações, essa atitude não seria estratégica.

Em linhas gerais, não há o que temer. Todos sabem que parar de fumar é um desafio, e os eventuais tropeços costumam ser compreendidos. Mas pense bem: comunique sua decisão apenas às pessoas que você sabe que irão ajudá-lo nesse processo. Esse apoio nos momentos difíceis pode ser determinante para o seu sucesso.

Colegas de trabalho também podem ser informados, principalmente os "colegas de cigarrinho", que fumam com você em alguns intervalos do serviço. Eles, em geral, compreendem, embora alguns possam sentir-se incomodados com sua tentativa. Seja compreensivo com esses últimos. Esse comportamento não significa que não querem o seu bem; apenas sentiriam-se mais confortáveis se você continuasse a fazer parte do mesmo "grupo de vício" que eles.

Enquanto o dia escolhido para deixar de fumar não chega, aproveite para reduzir bem o consumo de cigarros. Reduza mesmo! Como? Existem algumas técnicas que são muito boas.

A primeira delas orienta o fumante a reduzir progressivamente o consumo de cigarros através da contagem diária do número de cigarros fumados. Reserve para o dia seguinte sempre uma quantidade inferior ao que você fumou durante o dia corrente. Por exemplo, se você fumou 15 cigarros hoje, deixe no maço apenas 14 cigarros (ou menos) para o dia seguinte. Com o passar dos dias, a redução ocorrerá, mesmo que lentamente. Alguns dias serão mais difíceis, porém, perfeitamente toleráveis.

Outra técnica possível é o adiamento do primeiro cigarro do dia. Você começará a fumar cada vez mais tarde. Aos que têm muita vontade de fumar ao acordar, deve-se adiar o primeiro cigarro por 15 a 30 minutos por dia, por exemplo, se você fuma o primeiro cigarro do dia imediatamente ao acordar, no dia seguinte espere de 15 a 30 minutos para fumar, e assim vá postergando o primeiro cigarro do dia. Há aqueles que conseguirão dar atrasos maiores, de 30 ou 60 minutos. Você definirá o tamanho dos seus passos. Isso ajuda a diminuir o consumo total diário, pois chegará o dia em que o primeiro cigarro será fumado só depois do almoço e assim por diante. Uma adaptação dessa técnica é proceder o mesmo com relação ao último cigarro do dia, ou seja, cada dia fumar o último cigarro mais cedo, por exemplo, se você fuma o último cigarro por volta das 23h, passe a fazê-lo 30 minutos antes a cada dia. Em geral, essa variação da técnica é mais bem aceita pelos fumantes, por ser considerada um pouco mais fácil que o adiamento do primeiro cigarro do dia.

Uma terceira técnica possível é aumentar os intervalos entre os cigarros. Você fuma a cada 30 minutos? A cada 60 minutos? Ou a cada duas horas? Comece a aumentar progressivamente esses intervalos. Com o passar dos dias haverá também uma diminuição do número de cigarros consumidos.

Agora que você já conseguiu diminuir o consumo diário de cigarros, prepare-se para o dia que você escolheu para tentar parar definitivamente. Muitos pacientes nos perguntam qual a quantidade ideal de cigarros consumidos por dia para então tentar parar. Isto é muito variável. Alguns conseguem parar abruptamente mesmo fumando 30 ou 40 cigarros por dia. Outros têm dificuldades mesmo fumando apenas 5 ou 10. Dependerá muito de sua força de vontade, ou seja, de sua motivação e, principalmente, de seu empenho em aplicar as estratégias que continuaremos descrevendo a seguir.

Na noite anterior ao dia que você escolheu para parar de fumar, comece a fazer uma limpeza em sua casa: retire tudo que esteja relacionado ao cigarro, como cinzeiros, isqueiros etc. Esses objetos, quando não são removidos da casa, funcionam como estímulos ao pensamento no cigarro, dificultando a sua vida. Vamos dar um exemplo: imagine uma pessoa que está indo a um *spa* para emagrecer; chegando lá encontra uma mesa farta de bombons e doces caseiros. Fica mais difícil, não? O mesmo vai acontecer com você se os objetos que lembram o tabagismo forem mantidos em casa. Portanto, remova-os. Você pode jogá-los fora ou apenas guardá-los para depois decidir o que fazer com eles.

Nesse mesmo dia, antes de ir dormir você dará o passo que costumamos considerar o mais importante rumo ao abandono do tabagismo: você irá se separar do cigarro. Isso mesmo, de uma vez por todas. Jogue o cigarro fora ou, se preferir, elabore alguma maneira alternativa para se livrar dele. Os especialistas chamam isso de "rito de passagem". É uma forma lúdica de separar-se fisicamente daquilo de que você quer se ver livre. Alguns fumantes nesse momento gostam de "brincar" com a situação, dando exemplos interessantes de como promover a separação definitiva. Já ouvimos exemplos dos mais variados, como pessoas que destruíram os cigarros antes de jogá-los fora, outros enterraram os cigarros no quintal de casa, outros literalmente queimaram seus últimos cigarros etc. Invente a sua forma. O importante é que esse momento seja único, marcante, e fique gravado em sua memória para sempre. Esse será o momento de separação, de passagem para uma vida sem dependência da nicotina, muito mais livre e condizente com o seu novo propósito de promover algo melhor para o seu presente e para o seu futuro.

Não tenha medo de se separar do cigarro. Esse receio é comum. Mas é preciso enfrentar o momento com determinação. Não se esqueça que esse é o seu momento. Não fique se "sabotando", criando justificativas para tentar mais tarde ou em outro dia. Respeite seu projeto e não tenha medo. Este é o melhor caminho para ser bem-sucedido na sua tentativa.

Logo após o ritual de separação do cigarro você pode dormir tranqüilamente. Ao acordar no dia seguinte, comece a adotar algumas estratégias para aliviar a vontade de fumar. A mais fácil de ser seguida é simplesmente beber líquidos. Água é uma boa dica, fácil de encontrar em casa ou no trabalho. Além disso, faz bem à saúde. Beba pequenas quantidades várias vezes ao dia. É muito útil principalmente quando estiver com desejo de fumar.

Já se sabe que grande parte dos cigarros fumados durante o dia não são precedidos por desejo intenso de fumar. Fuma-se, na maioria das vezes, por simples condicionamento. Quando se está tentando parar de fumar, esses momentos de condicionamento podem ser amenizados com estratégias de ocupação da boca (ou "oralidade") com água, por exemplo. Outra sugestão é mascar chicletes, balas, cravos-da-índia etc. Tudo com poucas calorias para evitar o ganho de peso, tão temido (principalmente pelas mulheres). Não economize nesses artifícios. Use-os todos, muitas vezes ao dia, o máximo possível, para que a vontade de fumar seja reduzida a quase nada. Ocupar as mãos com atividades como tricô, pintura, bordados, jogos eletrônicos e outras estratégias também ajudam, pois no início é comum sentir falta do que fazer com as mãos, antes ocupadas com o cigarro.

Algumas situações que disparam a vontade de fumar devem ser contornadas nesse período, por exemplo, cafezinho, cerveja com amigos, final das refeições etc. Cuidado com estes e outros momentos. Você poderá evitá-los ou apenas modificá-los. Ao café, pode ser adicionado leite, ou então, se preferir, troque-o por um bom suco de fruta natural ou um chá. Como regra geral: modifique o condicionamento que leva você a lembrar-se dos cigarros. Algumas dicas são ótimas: sempre que você tomar café ou terminar uma refeição, escove os dentes imediatamente. Funciona com a maioria das pessoas. Outra dica é evitar ficar à mesa depois das refeições. Saia imediatamente, escove os dentes, retire a louça e evite o café. É muito sábio proteger-se dessas situações. Não caia em armadilhas.

Muitos fumantes que estão tentando parar de fumar evitam beber álcool nesses primeiros dias. Você sabe melhor do que ninguém que o álcool estimula a vontade de fumar. Portanto, proteja-se e, se possível, evite as bebidas por algum tempo. É bom, embora não obrigatório. Aliás, como você já percebeu, nada é obrigatório.

Cuide bem de sua alimentação no início do processo. Abuse das frutas e dos líquidos. Prefira alimentos mais saudáveis e pouco calóricos. Cuidado para não ganhar muito peso, pois isso pode ser motivo de frustração posteriormente. Espera-se que o fumante engorde aproximadamente 3 ou 4 kg ao parar de fumar. Isso vai depender muito de como você vai controlar sua alimentação dali em diante. Alguns fumantes trocam o cigarro por doces, o que provoca o ganho de peso. Aí se decepcionam e voltam a fumar. Tolice, não? Não é melhor parar de fumar e cuidar da alimentação, reduzindo o ganho de peso, que poderá ser eliminado após um curto período de dieta?

Outra dica é realizar atividade física. Com isso, você manterá seu peso com maior facilidade. Não é preciso exagerar. Caminhadas diárias de 20 a 30 minutos bastam. A atividade física tem a finalidade também de promover relaxamento e alívio nos momentos de ansiedade, muito comuns nesse período. Mas essa atividade tem que ser regular, preferencialmente diária.

Como você viu, não há segredos mágicos ou atividades impossíveis. É tudo simples, mas exige motivação e muita disciplina. Os primeiros dias são os mais difíceis, mas com certeza são muito mais toleráveis do que você imagina. Siga todas as recomendações para facilitar o seu dia-a-dia. Todas. Não poupe esforços. Vale a pena!

Depoimento

Rita Camata
ex-deputada federal e candidata à vice-presidência em 2002, 45 anos

O dia 11 de maio é muito especial para mim. Foi nesse dia, em 2005, que decretei o fim da minha dependência do cigarro. Eu fumei durante 24 anos perto de 2 a 5 maços por dia. Foi muito tempo de exposição e ainda estou vulnerável, mas convicta de que fiz a coisa certa. Eu me sentia anti-social porque o espaço para o fumante tem diminuído cada vez mais, tinha a sensação de estar suja além de poluir o ambiente. O sintoma físico mais forte era a enxaqueca.

Também pesou a cobrança do meu filho de cinco anos. Ele vivia falando que fazia mal, algo que a minha filha mais velha, de 20 anos, também fez a vida inteira. Mas dessa vez decidi que eles precisavam de mim. E que, para estar plena e com saúde, eu precisava parar.

A primeira providência foi procurar uma médica que receitou um antidepressivo e o adesivo de nicotina que eu usei durante um mês. Pensei comigo mesma: "Não é possível que eu não tenha força de vontade, esse vício não pode ser mais forte do que eu". Logo que deixei o cigarro, tive insônia, senti-me dispersa. Na ocasião, encontra-

va-me em um período de desafio profissional. Assumi uma secretaria no governo do Espírito Santo, onde permaneci por um ano e 11 meses, até licenciar-me do cargo para concorrer ao Legislativo federal.

Depois que parei de fumar, engordei seis quilos, que foram bem-vindos porque eu estava muito magra, mas perdi roupas que já usava havia 25 anos. As pessoas falam que fiquei mais bonita, mas não sinto diferença. O que percebo é que fiquei mais limpa e mais cheirosa. E tenho mais disposição. Com o cigarro, parecia que as coisas não rendiam.

Hoje, vejo as pessoas fumando e fico pensando como é estúpido soprar e puxar fumaça. Gasta-se muito dinheiro com cigarro para amanhã se ter a infelicidade de desenvolver um problema de saúde. Para sair desse vício, o processo de autoconvencimento é fundamental.

Capítulo 8

Os benefícios da interrupção do tabagismo

A interrupção do tabagismo sempre traz benefícios, independentemente da idade de quem pára de fumar, tempo em que se fumou e tipo de cigarro ou forma de consumo da nicotina. Lembre-se de que pessoas que fumam cachimbo, cigarrilha ou charuto, assim como outras formas de consumo de nicotina menos populares, também estão sujeitas aos malefícios do fumo.

Alguns benefícios da cessação do cigarro são imediatos e facilmente identificáveis pelo indivíduo que pára de fumar, outros aparecem a médio prazo, e alguns acontecem a longo prazo e são mais difíceis de ser visualizados, estes são determinantes na saúde do ex-fumante.

A fim de visualizarmos melhor os ganhos que ocorrem quando uma pessoa pára de fumar, vamos dividi-los em aspectos relacionados à saúde, ganhos econômicos e outros benefícios.

BENEFÍCIOS DA CESSAÇÃO DO FUMO À SAÚDE

Os benefícios imediatos da interrupção do tabagismo são mais facilmente percebidos e aparecem alguns minutos após o último cigarro:

- após 20 minutos, a pressão sangüínea e a pulsação voltam ao normal;

- após 2 horas, não há mais nicotina circulando no sangue;
- após 8 horas, o nível de oxigênio no sangue se normaliza;
- após 12 a 24 horas, o hálito melhora e o cheiro de cigarro não é mais perceptível em você e em sua roupa pelos não-fumantes. O cheiro do perfume e de produtos perfumados ficam reforçados em você;
- após 12 a 24 horas, seus pulmões já funcionam melhor;
- após 2 dias, seu olfato já percebe melhor os cheiros e seu paladar já degusta melhor a comida;
- após 2 a 3 semanas, ocorre diminuição da tosse e da produção de catarro;
- após 3 semanas, você vai notar que sua respiração torna-se mais fácil. Atividades físicas são desempenhadas com mais facilidade, esse benefício é perceptível tanto pelo indivíduo sedentário como pelo esportista, atividades antes cansativas são desempenhadas agora sem tanto esforço;
- após 3 semanas, a circulação melhora. Pessoas com problemas circulatórios nas pernas percebem esse benefício com mais facilidade;
- após 4 semanas, melhora a vitalidade da pele. Isso é perceptível principalmente no rosto e nas mãos, pois ficam em contato mais próximo ao calor da ponta do cigarro e da fumaça, que tem efeito envelhecedor sobre a pele.

Os ganhos relacionados à saúde que aparecem a longo prazo são pouco perceptíveis pelo ex-fumante, mas fundamentais como determinantes de doenças e ganho em qualidade de vida. Alguns fumantes comentam: "mas isso vai demorar muito..." Será? Você já parou para pensar como um ano passa rápido na vida dinâmica que vivemos?

- Após 6 meses a 1 ano, o risco de úlcera péptica no estômago e intestino iguala-se ao de pessoas que nunca fumaram;
- após 1 ano, o risco de morte por infarto do coração é reduzido pela metade.
- após 5 a 10 anos, o risco de sofrer infarto iguala-se ao das pessoas que nunca fumaram;
- após 5 a 10 anos, o risco de derrame cerebral iguala-se ao de pessoas que nunca fumaram;
- após 20 anos, o risco de desenvolver câncer de pulmão iguala-se ao de pessoas que nunca fumaram.

É muito comum os fumantes comentarem conosco que fizeram um *checkup* geral e não foi encontrado nenhum problema de saúde preocupante relacionado ao cigarro. Fato que algumas vezes os desmotiva a parar de fumar. Mas, não se engane, as lesões do fumo que ocorrem no organismo instalam-se de forma lenta e gradual, ou seja, seus malefícios só aparecem após anos de tabagismo, e quando se manifestam, não invariavelmente, determinam lesões irreversíveis, como um derrame cerebral ou um diagnóstico de câncer. Assim, as microlesões já presentes no organismo, na maioria das vezes, não são detectadas no *checkup* médico.

BENEFÍCIOS ECONÔMICOS DA INTERRUPÇÃO DO TABAGISMO

Não existe nada mais palpável do que o dinheiro que sobra ou falta em nosso bolso no fim do mês. Portanto, uma boa motivação para deixar de fumar é calcular o quanto você economizará sem fumar.

Em geral, os fumantes no Brasil consomem um maço por dia, levando em conta que o maço de cigarros custa em média R$ 2,50, verifique a seguir a economia mensal e anual de um ex-fumante:

- economia em 1 mês: 2,50 x 30 dias = R$ 75,00;
- economia em 1 ano: 2,50 x 365 dias = R$ 912,50;
- economia em 10 anos: 2,5 x 3.650 dias = R$ 9.125,00.

Você fuma mais ou menos que um maço? A marca do seu cigarro é mais cara que R$ 2,50? Então calcule agora o quanto você vai deixar de gastar com o cigarro e como você poderá investir esse dinheiro que será muito bem-vindo.

Mas também existem os gastos indiretos gerados pelo cigarro. Por exemplo, os planos de saúde contabilizam que o fumante utilizará mais os serviços de saúde, portanto cobram mais caro o plano do fumante.

Além disso, o fumante produz menos em um dia de trabalho que o não-fumante, isso se deve ao fato de ele gastar algumas horas do dia fumando e se deslocando para fumar. O fumante leva em média cinco minutos para fumar cada cigarro, calculando a média de um maço por dia consumido, então ele gasta cinco minutos multiplicado por 20 cigarros, ou seja, 100 minutos ou pouco mais de uma hora e meia ao dia. Você fuma menos de um maço? Quanto tempo se desloca até o ponto onde a empresa em que você trabalha permite fumar? Pense em como você poderia empregar melhor esse tempo gasto com algo que traga benefícios para você, por exemplo, realizando uma atividade física ou ficando com seus filhos.

Bom, pode ser que a empresa em que você trabalha não se importe com o tempo gasto pelos seus funcionários com o cigarro, e sim com a produtividade nas horas trabalhadas, e se você exerce uma atividade mais externa, por exemplo, não precisa se preocupar com o deslocamento para fumar. E existem também empresas onde é permitido fumar em qualquer local. Nesses casos, você não se enquadra na situação descrita. Mas, não se engane, empresas preferem contratar não-fumantes, afinal eles custam menos para as empresas, pois adoecem e faltam menos ao trabalho por motivo de saúde. Ainda não encontrou uma motivação para deixar de fumar? Espero que você não precise procurar por um novo emprego...

Um outro aspecto econômico interessante, embora o governo desenvolva campanhas contra o cigarro e estas tenham se intensificado nos últimos anos (veja pelas figuras que aparecem atrás do maço de cigarros que você compra), o valor dos impostos que o mesmo governo arrecada com a venda de cigarros também é muito estimulante. No entanto, segundo um levantamento recente feito pela Fundação Getúlio Vargas, cada dólar que o governo arrecada com a venda de cigarros corresponde a 1 dólar e meio que o governo gasta com hospitalização, faltas ao trabalho e aposentadoria precoce de fumantes.

No Estado de São Paulo, as doenças relacionadas ao tabaco correspondem a 31% do gasto total com a saúde da rede SUS (Sistema Único de Saúde).

OUTROS BENEFÍCIOS DA INTERRUPÇÃO DO TABAGISMO

Aqui abordaremos benefícios para o indivíduo que pára de fumar, assim como para a sociedade e o meio ambiente.

A interrupção do fumo representa uma mudança de comportamento difícil para o fumante, independentemente se parar de fumar para ele é uma atitude fácil ou muito difícil. Todas as grandes decisões na vida do ser humano são marcantes, como se casar, ter filhos, mudar de cidade etc. Jamais subestime o papel do cigarro na vida de um fumante, por todos os motivos já abordados nos capítulos 1, 2 e 3. Sem dúvida, a interrupção do tabagismo significa um marco na vida do ex-fumante, um momento em que ele venceu uma grande barreira que limitava sua vida, uma mudança de comportamento que demandou muita força de vontade. Não é incomum ouvirmos ex-fumantes nos contarem que, após vencer o cigarro e deixar de fumar, sentem-se capazes de vencer qualquer outra dificuldade que a vida lhes apresente, e aptos a tomar medidas em suas vidas que antes lhes faziam sentirem-se impotentes para executar. Estamos convictos de que deixar de fumar não é uma meta tão difícil assim, mas o papel que o cigarro passa a desempenhar na vida do fumante é poderoso e, deixar de fumar, um marco que melhora a auto-estima do ex-fumante.

Os benefícios para o meio ambiente, até o momento, são muito pouco contabilizados. Mas sabe-se que para cada 300 cigarros produzidos, uma árvore é derrubada*. O filtro

* Fonte: INCA - Instituto Nacional de Câncer.

do cigarro leva cerca de 100 anos para ser degradado e, até o momento, não existe nenhum filtro de cigarro que seja biodegradável.

Os fumantes passivos também se beneficiam com um ambiente sem a fumaça do cigarro, seja no trabalho ou em casa. As pessoas expostas ao cigarro continuamente estão mais sujeitas a desenvolver doenças relacionadas ao tabaco do que aquelas que vivem em um ambiente livre do cigarro. As crianças estão especialmente sujeitas aos malefícios da fumaça do cigarro no ambiente domiciliar, apresentando maior quantidade de doenças respiratórias na infância e mais chance de desenvolver doença pulmonar.

Sem dúvida, os benefícios da interrupção do tabagismo são inegáveis, em diversos aspectos. Selecione aqueles que você considera mais motivadores, escreva os mais importantes em um papel, guarde essas anotações em um local de fácil acesso para você, no criado-mudo ao lado da cama ou em sua gaveta no escritório, ou mesmo na carteira. Está difícil ficar sem fumar? Bateu uma vontade forte? Pegue o papel e certifique-se dos aspectos importantes que o motivam a parar de fumar. Quando estamos indecisos, passamos automaticamente a avaliar os prós e os contras de uma ação, ter por perto uma lista com os aspectos positivos da interrupção do cigarro facilita bastante.

Sérgio Sardinha

executivo, 48 anos

Comecei a fumar aos 15 anos, em média um maço por dia, e só parei aos 45 anos. Tentei interromper pelo menos duas vezes porque já vinha me sentindo meio sem fôlego, com cansaço constante. O detalhe é que eu sempre fiz exercícios físicos e já estava saturado do cigarro, mas a dependência era mais forte. Um dia, um amigo fumante como eu, mas que já apresentava suspeita de enfisema pulmonar, apostou quem de nós pararia de fumar primeiro. Eu acabei conseguindo, mas ele não.

Para conseguir, usei uma combinação de estratégias das quais já tinha ouvido falar, outras que inventei e algumas que amigos me passaram. Por exemplo, os adesivos de nicotina. Comecei a utilizá-los para ajudar nos primeiros dias, mas decidi usar apenas metade da dose e pela metade do tempo recomendado. Eu recortava o quadradinho antes de afixar na pele. Outro recurso foi dobrar a intensidade dos exercícios físicos e beber bastante água, em média quatro litros por dia. Mas o principal segredo é encontrar meios de esquecer o cigarro quando o organismo pede, em plena síndrome de abstinência. Para resistir, eu coloquei em prática a regra dos três minutos. Cada vez que vinha a vontade, eu largava o que estava fazendo e ia cuidar de outra coisa durante esse tempo. Depois do primeiro mês, a vontade foi diminuindo e nunca mais voltei a fumar.

Não nego que às vezes a vontade reaparece, mas aprendi a me controlar. No primeiro ano sem cigarro fiquei mais ansioso e agressivo, mas em compensação aumentou a minha disposição e perdi aquela sensação de cansaço crônico. A diferença entre fumar e não fumar é a resposta muito melhor de nosso organismo. Além disso, há o fardo social a carregar quando se é fumante. Está cada vez mais difícil encontrar espaço para fumar. Na minha área, como lido com clientes empresariais, causa uma péssima impressão sair no meio de uma reunião para fumar ou sentar diante de um cliente que não fuma com cheiro de cigarro. É constrangedor.

Minha dica para os que querem parar é usar todos os recursos possíveis para atravessar a fase inicial sem o cigarro, mas o principal é contar com a própria força de vontade para largar o vício.

Capítulo 9

A fumaça nas empresas

O tabagismo está começando a tornar-se uma preocupação para as empresas nacionais. Que o cigarro faz mal à saúde, os fumantes e não-fumantes estão cansados de saber. Porém, apesar da decisão de fumar ser pessoal, ela pode converter-se em uma desvantagem competitiva para as empresas: fumantes custam mais caro e produzem menos que funcionários não-fumantes de mesmo nível. Será que as empresas ainda estão interessadas em arcar com esses gastos?

Muitos são os motivos pelos quais o funcionário fumante pode gerar prejuízos ao empregador. Você já parou para pensar que a "paradinha para o café e o cigarro" significa queda de rendimento no trabalho? Se considerarmos que se leva, em média, de cinco a sete minutos para se fumar um cigarro, um fumante que sai do seu posto de trabalho para fumar cerca de dez vezes durante o dia perde quase uma hora de serviço, ou mais. Em um ano, isso significa aproximadamente 240 horas de trabalho consumidas sem rendimento para a empresa. São 30 dias de trabalho por ano, só fumando! E a empresa está pagando por isso?

Estudos que comparam o absenteísmo também são categóricos: os fumantes faltam muito mais ao trabalho do que os não-fumantes. Isso também representa queda do desempenho para o fumante. Mas, qual o motivo de faltarem mais? Problemas de saúde. É lógico! Se o cigarro sabidamente provoca mais doenças aos seus consumidores, ao ficarem doentes os fumantes são obrigados a procurar apoio médico e acabam faltando ao serviço.

Um outro lado dessa realidade é o aumento do custo para os planos de saúde. Calcula-se que os planos de saúde empresariais custariam 40% menos, se as empresas não contratassem fumantes. Devemos lembrar também que os gastos com saúde não são ônus exclusivo da empresa, que gasta mais com o plano de saúde dos fumantes e recebe um desempenho pior dos mesmos: os gastos com medicações e outros tratamentos de saúde muitas vezes são de responsabilidade do próprio fumante. Isso significa que ele terá menor possibilidade de investir em lazer, cursos de desenvolvimento profissional ou benefícios para si mesmo e para a família. Em suma, pior qualidade de vida.

Não se pode esquecer dos gastos indiretos com a fumaça que pode oxidar os equipamentos eletroeletrônicos e de informática, ou as queimaduras que encurtam a vida útil dos móveis, carpetes e cortinas. Esses custos poderiam ser reduzidos em até 60% nas empresas. A questão da segurança no trabalho também está associada a esses gastos: incêndios podem ocorrer no ambiente de trabalho, por esse motivo indústrias químicas, de papel e celulose e editoras já possuem regras muito rigorosas proibindo o uso de cigarro em suas dependências.

Por esses motivos, e muitos outros, as empresas estão pensando melhor antes de contratar fumantes. Se existirem dois candidatos com o mesmo perfil, as mesmas competências e um deles for fumante, o tabagismo pode ser o critério de desempate, em favor do não-fumante. Porém, poucas empresas falam abertamente sobre isso. O assunto é muito bem conhecido pelas empresas de recursos humanos, especializadas em recrutamento e seleção de candidatos a empregos. Em algumas áreas de ofertas de empregos, a exclusão de fumantes para essas vagas é declarada, como na seleção para áreas operacionais e de produção, pelos riscos à segurança e pela queda na produtividade causada pelas pausas para fumar.

As empresas não estão mais dispostas a arcar com esses prejuízos. Pesquisas têm mostrado que mais da metade das empresas que desenvolvem programas de melhoria da qualidade de vida de seus funcionários pratica ações contra o tabagismo. Agir contra o tabagismo, entretanto, não pode significar agir contra o fumante, ao contrário, as empresas devem apoiar o fumante por meio da informação, ajudando-o a ter vontade de deixar de fumar. Àqueles que desejam parar de fumar, mas não conseguem, a empresa deve desenvolver mecanismos de apoio especializado, com atendimento feito por profissionais habilitados para a abordagem comportamental e medicamentosa do tabagismo. Algumas empresas até ajudam no custeio de medicamentos para seus funcionários fumantes interessados em parar de fumar, sabendo que esse investimento pode significar benefícios futuros para ela mesma e, principalmente, aos seus funcionários (fumantes e não-fumantes).

Programas de apoio à cessação do tabagismo são, hoje em dia, agregadores de valor às empresas. Isso significa dizer que essas empresas têm mais valor para o mercado, pois têm preocupações com a saúde dos seus funcionários. No futuro, isso será oferecido por todas as empresas. Se você trabalha em uma empresa com esse tipo de visão, com programas que visam melhorar a qualidade de vida de seus profissionais, não perca tempo. Aproveite e participe deles. A sorte está batendo à sua porta!

Depoimento

Derico Sciotti
músico, 40 anos

Fumei desde os 12 anos. Fiz isso durante 22 anos, numa média de 15 cigarros por dia. Quando tocava à noite, ou gravava até mais tarde, meu consumo subia para um maço, um maço e meio. Nunca pensei em parar antes. Quando decidi, parei e não voltei mais.

Houve uma situação que serviu como empurrão final. O meu filho Felipe, então com nove anos, começou a fazer desenhos de caveiras fumando e a fixá-los nas portas de casa, dizendo coisas como: "que pena que você vai morrer, papai!". Achei aquilo muito significativo e real, era verdade! Nessa época, já era proibido fumar em vários lugares. Eu já evitava fumar dentro de casa, do carro, do trabalho, era uma situação muito ruim. Na mesma época, fui para a Austrália, numa viagem sem fim (36 horas de vôo). Como não podia fumar durante esse tempo todo, aproveitei e parei de vez! Tomei uma medicação durante uma semana apenas. Foi o suficiente.

Não tive recaídas. Absolutamente nada! Só parei de tomar café. Descobri quando parei de fumar que na realidade não gostava de café. Só tomava como "boca de pito". A partir de minha decisão, minha saúde só melhorou. Eu aumentei minha capacidade aeróbica, melhorei meu paladar e, pelo fato de ter engordado um pouco após parar de fumar, fui obrigado a fazer ginástica todo dia (o que não foi de todo ruim, porque melhorei bastante minha forma física). Acho que melhorei minha performance sexual, tenho certeza de que a minha atuação profissional ficou melhor, como também a sonoridade e a minha capacidade de emissão de ar na flauta e no saxofone.

Não nego que tenho saudade do ato de fumar, do ritual que eu tinha com o cigarro, mas me mantenho firme. Minha dica para os que desejam parar é que tenham muita força de vontade. Quem quer parar de fumar precisa antes de tudo se conscientizar, perceber o tamanho do passo que está dando na vida, ter critérios definidos e, principalmente, cercar-se de pessoas que vão ajudar nesse processo.

Capítulo 10

Como evitar a recaída?

Em primeiro lugar, é importante diferenciar os conceitos de lapso e recaída. Lapso é o ato de voltar a fumar um ou outro cigarro, mas sem retomar o comportamento de fumante novamente; ele corresponde a um deslize momentâneo, em que, por um descuido, a pessoa que havia parado de fumar volta a fumar um único cigarro, e eventualmente acaba fumando até um pouco mais que isso, mas depois volta imediatamente a não fumar mais. É algo que dura apenas alguns minutos e não se repete. Perceba que a pessoa não volta a ser fumante novamente. Já a recaída é o grande temor da maioria dos ex-fumantes, caracteriza-se pela retomada do comportamento de fumante que existia previamente à cessação do tabagismo. Na recaída, a pessoa volta a fumar continuamente, mesmo que faça isso aos poucos, volta a comprar cigarros, volta a fumar com regularidade e, enfim, volta a ser fumante.

Quando alguém sofre um lapso é comum que exista o seguinte questionamento: vale mais a pena ficar sem fumar ou voltar a fumar? Se a pessoa está segura de que fez algo bom para a sua vida ao parar de fumar, logo ela perceberá que o melhor é deixar o tempo passar e reforçar os esforços para não fumar nunca mais. Se essa pessoa estiver em dúvida, ou seja, se o ato de parar de fumar não foi prazeroso, ela correrá grande risco de continuar fumando e, então, esse lapso terá se transformado em uma recaída.

Vamos exemplificar para ficar mais claro? Imagine que Conceição fumava 15 cigarros por dia e conseguiu, com as dicas dos capítulos anteriores, parar de fumar. Porém, ela pulou algumas etapas e, insistiu em não se separar do maço de cigarros que guarda na bolsa. É isso mesmo, ela não jogou o maço fora! Pode parecer algo insignificante, mas é um erro terrível! Conceição tolerou até que bem ficar sem fumar por quatro dias, porém, no quinto dia ela acabou recebendo a notícia de que um parente muito querido havia sido hospitalizado após um problema de saúde abrupto. No exato momento em que recebeu a notícia, sentiu-se angustiada e veio uma intensa vontade de fumar. Ela tentou resistir, mas havia cigarros na bolsa. Ela não pensou duas vezes e fumou um cigarro inteiro. A partir desse momento, Conceição sentiu-se muito mais aborrecida do que já estava. Ela perseverou e resistiu bravamente. Não fumou mais. Chegou em casa, desabafou com o marido e contou-lhe que não queria fumar mais. Jogou, enfim, o maço fora e não fumou mais.

Conceição teve um lapso. Não foi uma recaída, pois ela não voltou a fumar como fumava antes. Foi apenas um "escorregão". Mas ela aprendeu com esse lapso e evitou a recaída. Dizemos que o lapso é um alerta e, na maioria das vezes, é também o primeiro passo para a recaída. Portanto, muito cuidado com os lapsos!

Sabemos que muitos ex-fumantes sofrem recaídas e voltam a fumar regularmente por dificuldade em enfrentar certas situações. A morte de um amigo ou parente querido pode ser um exemplo, além do exemplo relacionado à Conceição. Uma resposta automática pode ser buscar o cigarro. Cuidado. Vamos mostrar a você como evitar essas recaídas.

Deixe bem claro para você mesmo quais foram os motivos que fizeram você querer parar de fumar. Foram poucos? Ou foram muitos? Cada um tem os seus motivos. Coloque-os em uma lista. Pense bem na hora de fazer essa lista. Você pode ter parado por não agüentar mais o cheiro de cigarro em suas roupas, por desejar garantir um futuro com melhor saúde, para melhorar sua condição atual de saúde, para dar bom exemplo aos seus filhos e amigos, por aconselhamento do seu médico, por insistência dos familiares etc. Escreva todos os motivos que levaram você a desejar parar de fumar. Depois leia em voz alta e guarde essa lista com você, em lugar de fácil acesso. Sempre que houver alguma dificuldade esforce-se para lembrar desses motivos. Se esses motivos foram fortes o suficiente para ajudálo a parar de fumar, eles também serão fortes o suficiente para evitar uma recaída. Parece lógico, não?

Uma das razões pelas quais ex-fumantes voltam a fumar é que, por sentirem-se excessivamente seguros e livres do cigarro, imaginam que poderiam fumar um ou dois cigarrinhos sem qualquer risco. Erro grave! Lembre-se de que a recaída sempre começa com um "inocente" cigarrinho. Se você se livrar do primeiro, estará se livrando dos demais, portanto, esse é o conselho que gostaríamos que você guardasse. O ex-fumante também pode ter recaídas quando tem uma experiência desagradável exatamente por ter parado de fumar, como por exemplo, o ganho exagerado de peso. Não caia no erro comum de voltar a fumar apenas para controlar o peso! Lembre-se das dicas descritas nos capítulos anteriores para evitar que você ganhe muito peso. Voltar a fumar não vai resolver esse problema, pelo contrário, vai criar outro problema: a frustração de ter fracassado em seu propósito de largar o cigarro. Resumindo, que tal reforçar as recomendações para controlar o peso e o estresse? Desse modo, você evitará os lapsos e as recaídas.

É muito comum ex-fumantes queixarem-se de certo "vazio", descrito por alguns como um "buraco" ou "lacuna" em suas vidas, desde que deixaram de fumar. Vamos tentar entender melhor esse relato tão comum. Os fumantes em geral fumam por muitos anos. Não estamos falando de um ou dois anos; boa parte só tentará parar depois de décadas de tabagismo. Não é simples abandonar um vício depois de tanto tempo! Sabemos disso. Ao parar de fumar, sente-se que uma fonte de prazer foi embora, pois, é claro, o cigarro trazia prazer (o cigarro tem nicotina, que é uma droga, lembra-se?). Essa perda pode ser descrita como o "vazio" mencionado. Perdeu-se uma fonte de prazer. É simples concluir que ela deve ser substituída. Sabemos que os prazeres não são iguais, mas existem muitos que podem ser muito melhores que fumar! Portanto, é importante que você procure alguma atividade que traga prazer e bem-estar para não sentir falta de fumar. Existem muitas opções, cada um vai escolher a sua, mas citaremos alguns exemplos: busque uma atividade manual que você sempre quis aprender e nunca teve oportunidade ou que já sabia, mas não fazia mais por falta de tempo, como tricô, pintura, bordado, tapeçaria etc.; procure executar um sonho que você sempre teve, mas que o rumo da sua vida não permitiu colocar em prática; corra atrás de um curso de aprimoramento profissional para lutar em melhores condições por um emprego ou para conquistar uma promoção; pratique uma ação social voluntária regularmente, oferecendo-se, por exemplo, a auxiliar em alguma atividade da creche de sua comunidade, hospital ou biblioteca mais próximos de sua casa.

Você já conheceu alguém que parou de fumar e depois voltou? Triste, não? Infelizmente isso pode acontecer. Quando um fumante consegue ficar sem fumar por um tempo considerável, é comum sentir saudade do cigarro. Esse sentimento é natural, mas não podemos permitir que essa lembrança do prazer se transforme em vontade de fumar novamente. É muito arriscado. Os especialistas costumam afirmar: a recaída é possível e é preciso ajudar o fumante a não tê-la, com estratégias especiais para isso. Quais são elas?

Uma delas é seguir o exemplo de Gilmar. Ele parou de fumar após 45 anos consumindo vinte cigarros diariamente. Sabe quanto dinheiro o Gilmar gastou com cigarros? Muito. O maço de cigarros da marca que ele fumava custa, hoje, pouco mais de R$ 2,00. Isso significa que a cada mês ele gastava o equivalente a R$ 60,00; a cada ano eram R$ 720,00. Ao final de 45 anos, foram mais de R$ 30.000,00. Esse dinheiro é suficiente para comprar uma casa pequena na maioria das cidades do Brasil, ou até mesmo um bom carro, não? Ao fazer as contas, Gilmar ficou furioso. Por que ele gastou tanto dinheiro durante toda a vida com algo como o cigarro? É importante dizer que hoje ele tem hoje 59 anos de idade e durante toda a vida não conseguiu comprar sua tão sonhada "casa própria". E o carro dele bem que merecia descansar, pois está bem velhinho. Gilmar prometeu para si mesmo que guardaria o dinheiro economizado com o cigarro e o entregaria à sua filha, Giuliana, para que comprasse uma casa. Todo mês ele sente orgulho em entregar suas economias à filha, ajudando-a a realizar seu sonho. Essa conduta faz com que ele lembre-se sempre que parar de fumar foi muito bom para a sua vida. Além de estar melhor de saúde, ele está ajudando a filha a realizar um sonho que o cigarro o impediu de conseguir para si mesmo. Se Gilmar voltar a fumar, além de sentir-se frustrado, não poderá mais ajudar a filha. Esse exemplo é muito bom para mostrar que todos podemos desenvolver boas estratégias para nos lembrar periodicamente de que o ato de parar de fumar trouxe também boas coisas para nossa vida.

Gilberto, um grande amigo de Gilmar, hoje procura conversar com fumantes para contar-lhes sua experiência de deixar o cigarro. Ele não é aquele "ex-fumante chato", pois não implica com ninguém. Apenas tenta ajudar quem quer ouvir seus conselhos. Porém, nós sabemos que ao fazer isso ele está ajudando a si mesmo, pois reforça o orgulho de ter sido bem-sucedido nesse projeto. Reforça o prazer de não fumar mais. É também uma boa estratégia para evitar lapsos e recaídas. No capítulo 12 comentaremos o exemplo de Lívia, que tinha medo de engordar ao parar de fumar, e Lucas, seu filho. Ao parar de fumar, Lívia passou a pagar a natação que seu filho sempre quis fazer. Isso também é um prazer para ela, e a ajuda a manter-se longe do cigarro.

Resumindo, é importante lembrar-se freqüentemente de que foi bom parar de fumar. Isso ajuda demais, mas não é a única maneira de evitar surpresas. Outra forma é substituir o prazer de fumar por outras fontes de prazer. Nenhum prazer é igual a outro. Sabemos também que fumar traz um prazer perigoso, pois vem, depois de algum tempo, com doenças e tristeza para as famílias dos fumantes. Trocar esse prazer por outro logo após largar o cigarro é essencial: começar a fazer caminhadas e não deixar de fazê-las diariamente (ou pelo menos três ou quatro vezes por semana) é um bom exemplo.

O cuidado ao freqüentar ambientes com muitos amigos fumantes deve ser grande, principalmente se você for consumir bebidas alcoólicas. O álcool reduz o juízo crítico para alguns comportamentos de risco à saúde, portanto, pode ser muito perigoso e favorecer a ocorrência de lapsos e recaídas. Você não deve evitar seus amigos, mas é preciso saber proteger-se e não se expor muito a essas situações de risco.

Situações de extrema ansiedade também podem colocar em risco sua determinação, cuidado com elas. É muito comum a descrição de recaída logo após um estresse intenso. Evite essas situações, saia do ambiente tenso e vá fazer uma breve caminhada ou beber água. Tente tranqüilizar-se e relaxar sempre que possível, já que essas situações podem acontecer tanto em casa como no trabalho. Não deixe a ansiedade tomar conta de você, pois é natural lembrar-se do cigarro. Não ceda à tentação, se ela ocorrer. Fumar não vai resolver a causa do estresse e, pior, só vai provocar mais um problema para ser resolvido depois: você vai ter que se esforçar novamente para conseguir voltar a não fumar mais.

Pode ser muito prazeroso ficar sem fumar. Este é o melhor caminho para ficar sem fumar. Saber identificar os fatores de risco também é bom. Não descuide!

Aguinaldo R. da Silva
empresário, 64 anos

Bem, antes de qualquer coisa, devo me declarar um apreciador tórrido do vício do tabaco. Os prazeres advindos do hábito de fumar, o cheiro, o sabor, foram ingredientes que de certa forma tornavam o meu dia-a-dia por demais prazeroso.

Nasci na década de 1940 e, aprendi a fumar durante os anos 1950, na companhia de Humphrey Bogard, Errol Flynn, Clark Gable, Henry Fonda e tantos outros artistas do cinema, que, com classe e gestos elegantes, nos induziam ao vício.

Fulgor, Negritos, Lincon eram as melhores marcas, apenas suplantadas pela era do cigarro com filtro que bem condicionados no bolso da camisa, junto com isqueiro Zippo, davam o "status quo" do poder e charme, manifestado nos movimentos de mãos, maneiras de sorver para os pulmões quantidades poderosas de nicotina e alcatrão, o desbaforir da fumaça retida, se possível, em rodelas e anéis, exemplo do modismo da época.

Outros entretenimentos, como a prática de esportes, eram trocados pela cervejinha e gostosos bate-papos, em que o cigarro, era de um pra-

zer exultante, momento glorioso de desfrute, na companhia de amigos e do vício.

Diante de todas essas delícias e ignorância dos malefícios, quais motivos me levariam a parar de fumar?

Acredito que o pavor e o medo de não saber enfrentar uma velhice asfixiada, dependente, indefesa e com problemas de câncer pulmonar me deu o primeiro empurrão. Meu pai, um viciado inveterado, aos 69 anos despediu-se da vida, envolto em dores extremas e incapaz de manter-se em pé, tanto era sua fraqueza e estado debilitado, provocado por várias internações, remédios, quimioterapia, que o deixou prostrado e entregue ao câncer de pulmão.

Mas, problemas à parte, consegui libertar-me de momentos que considero memoráveis para um viciado tabagista. A começar pelo ritual do fumante que se inicia pela compra do maço de cigarros, a retirada do lacre ou fita vermelha que suavemente o envolve, sentir o olor desprendido e finalmente o cigarro chegando aos lábios para serem tragados.

Há mais de 15 anos não fumo, todavia, ao me encontrar em uma roda de amigos, bebericando uma cervejinha super gelada e petiscando uns amendoins e umas batatinhas, chego a me perguntar: como é gostoso fumar, será que faz mal mesmo?

Capítulo 11

Quais são as medicações para parar de fumar que realmente funcionam?

Sem dúvida, nos últimos anos, houve grande avanço nas medicações que auxiliam na interrupção do tabagismo. Atualmente, temos disponíveis medicações mais eficazes, com poucos efeitos colaterais e de fácil utilização.

No entanto, antes de abordar essas medicações, é necessário esclarecer um ponto fundamental: nem todos os pacientes que desejam parar de fumar necessitam utilizar medicação.

Os medicamentos são muito úteis para pessoas com dependência física e psicológica intensas, mas não são fundamentais para aqueles que não têm sintomas de abstinência da nicotina, sejam esses sintomas físicos ou psicológicos.

Mas como saber se eu preciso utilizar medicação de auxílio na interrupção do tabagismo? É fácil, você já tentou parar de fumar antes? O que aconteceu? Volte ao capítulo 2 e veja se você identifica-se com algumas das situações apresentadas. Se você tem abstinência física ou psicológica que dificultam sua abstinência da nicotina, você precisa utilizar medicação. Procure um profissional da saúde especializado em tratar tabagismo*. E, muito importante, não se esque-

* Qualquer profissional da saúde (médico, enfermeiro, fisioterapeuta, dentista etc.) que tenha recebido treinamento em tratamento de tabagismo está apto a orientar fumantes que desejam interromper o hábito tabagístico, embora somente o médico tenha autorização para prescrever receitas de antidepressivos, uma vez que os demais medicamentos utilizados, como adesivos e gomas de nicotina, não necessitam de receita médica.

ça de verificar sua pontuação no Questionário de Fagerström na página 103.

Existem dois tipos básicos de medicações disponíveis para o tratamento do tabagismo que realmente funcionam: a terapia de reposição de nicotina e as medicações não relacionadas com a nicotina.

O grupo da terapia de reposição de nicotina é composto pelos adesivos de nicotina e a goma de mascar de nicotina. Você deve estar se perguntando: mas por que vou utilizar uma medicação que repõe nicotina se eu quero justamente me ver livre dela? A explicação é que, quando diminui-se gradualmente o uso da nicotina, mantendo taxas da substância progressivamente menores, o organismo não sente tanto a falta dessa substância e fica mais fácil interromper o tabagismo. Então, por que eu não faço isso com o próprio cigarro? Vou diminuindo os cigarros dia após dia? Os estudos mostram que essa técnica é pouco efetiva, uma vez que você terá dificuldade de fumar cada vez menos tendo um maço à sua disposição. Façamos uma comparação bastante prática: você já tentou fazer dieta tendo um bolo de chocolate na geladeira? Deu certo? O bolo não é uma tentação à sua vista e ao seu alcance? Pois bem, com o cigarro é a mesma coisa.

Embora os adesivos e a goma de mascar de nicotina sejam medicações de fácil utilização, é importante ser orientado por um profissional da saúde antes de usá-los. O uso incorreto ou sem orientação adequada geralmente leva ao fracasso do tratamento e à frustração do paciente.

O grupo de terapia que não envolve a reposição de nicotina compreende principalmente os medicamentos antidepressivos. Nos últimos anos, descobriu-se que existem algumas classes de antidepressivos que agem nos receptores de nicotina do cérebro, diminuindo bastante a vontade de fumar e facilitando a interrupção do tabagismo. Esse grupo de medicamentos é muito indicado para pessoas com elevada dependência psicológica da nicotina. Os medicamentos antidepressivos devem ser prescritos e ter sua utilização acompanhada por um médico.

Existem outras terapias que são aceitas pelas sociedades médicas como válidas, como acupuntura, laserterapia e outras medicações que aliviam a ansiedade, no entanto, não existem estudos científicos que comprovem a interrupção do tabagismo pelo uso dessas terapias. Por esse motivo, tais terapias não devem constituir o tratamento principal na interrupção do tabagismo, mas podem ser utilizadas como recursos adicionais.

Existem também métodos sem qualquer comprovação científica muito comentados nos meios de comunicação: como filtros adicionais ao cigarro, "remédios milagrosos" e outros mais. Esse grupo de substâncias não tem nenhuma eficácia comprovada. Você conhece alguém que parou de fumar com alguma delas? Se conhecer, parabenize essa pessoa, a motivação e a força de vontade dela foram tão fortes que mesmo sem ajuda ela conseguiu!

É muito comum as pessoas chegarem ao PrevFumo dizendo: "Eu já usei essa e aquela medicação e nenhuma me fez parar de fumar". Lembre-se, a medicação é um apenas auxílio, nada é mais importante do que o comprometimento e a motivação pessoal. Nenhuma medicação substituirá a necessidade do esforço pessoal e da dedicação para atingir a meta de largar o cigarro, mas pode ajudá-lo bastante!

Você já tentou parar de fumar e acha que está muito difícil sem utilizar uma medicação para auxiliá-lo? Procure um médico ou profissional da saúde, de preferência especializado em tabagismo.

NOVOS TRATAMENTOS PARA O TABAGISMO

Alguns estudos científicos mostram que a nicotina contida no cigarro é uma das drogas com maior potencial de causar dependência. Por esse motivo, algumas pessoas encontram muita dificuldade para lagar esse vício. Atualmente, dispomos de alguns tratamentos medicamentosos que podem ser utilizados para auxiliar o fumante a parar de fumar: terapias de reposição de nicotina (gomas e adesivos de nicotina), bupropiona, nortriptilina e clonidina (essas duas últimas muito pouco usadas por apresentarem piores resultados no tratamento). Três novas opções de tratamento prometem tornar a luta mais efetiva e menos penosa: varenicline, rimonabant e as vacinas antitabaco.

Em termos gerais, o varenicline imita a ação da nicotina no cérebro, satisfazendo a compulsão por cigarros, ou seja, utilizando esse medicamento a pessoa não tem desejos desesperadores de fumar ao ficar sem consumir cigarros. Depois de um ano de tratamento, até 60% dos pacientes abandonam o cigarro, segundo estudos recentes. Seu lançamento no Brasil está previsto para 2007.

O rimonabant tem lançamento previsto para 2006. Ele atua no mecanismo cerebral da recompensa, inibindo a sensação de prazer proporcionada pela comida e pela nicotina. Dos pacientes tratados com esse medicamento, cerca de 40% livram-se do cigarro. Estaria relacionado também à redução do ganho de peso durante o tratamento.

As vacinas estão em fase de testes e também buscam desvincular o ato de fumar de sensações gratificantes, estimulando a produção de anticorpos que se ligam à nicotina, bloqueando-a. Em outras palavras, a vacina estimularia as defesas naturais do organismo contra a nicotina. Esse mecanismo impediria a ação da nicotina no cérebro, reduzindo a sensação de prazer e recompensa. Testes mostraram haver uma resposta imunológica rápida, com o surgimento de anticorpos contra a nicotina sete dias após a vacinação. Ainda não têm previsão de lançamento para comercialização.

O que se busca com essas novas propostas terapêuticas é eliminar a satisfação proporcionada pelo cigarro, facilitando a tentativa de parar de fumar por parte do fumante. Devido à natureza complexa da dependência e ao percentual de insucessos terapêuticos, o desenvolvimento de novos medicamentos é necessário, bem como o refinamento dos atuais protocolos terapêuticos. Porém, é importante ter consciência de que os medicamentos para deixar de fumar apenas auxiliam o fumante na sua decisão de livrar-se do vício. Nenhum dos medicamentos disponíveis atualmente ou os que foram discutidos aqui fazem o fumante desejar parar de fumar. O desejo tem que existir desde o início do tratamento. A partir dessa vontade de superar a dependência em relação ao cigarro é que o profissional de saúde deve recomendar um medicamento de apoio. Mesmo assim, é pequena a parcela de fumantes que precisará de apoio medicamentoso para deixar de fumar. A maioria dos fumantes pode conseguir parar sem qualquer tipo de apoio profissional e medicamentoso. Portanto, tente. Se estiver muito difícil, então você deve procurar apoio profissional para obter orientação sobre os tratamentos farmacológicos disponíveis. E continue tentando.

Dr. Décio Bráulio Lopes

advogado, 62 anos

Durante 46 anos, fumei regularmente cerca de 20 cigarros por dia, ou seja, um maço inteiro de cigarros. Comecei a fumar escondido, é claro, aos 16 anos, com o meu primo Fernando. Estávamos então na adolescência e fumar nesse momento de nossas vidas era como um rito de passagem, pois marcava o momento da grande transformação de meninos em homens. Havia sobretudo naquela época certo glamour em torno do cigarro, o ato de fumar envolvia-nos em uma atmosfera de poder.

Com o tempo, o prazer de fumar transformou-se em tristeza. Em 1991, meu primo faleceu, vítima de um câncer de pulmão provavelmente provocado pelo tabagismo iniciado quando éramos ainda adolescentes. Quanto a mim, não fiquei imune às conseqüências do vício. Há quatro meses, um diagnóstico de enfisema pulmonar veio alterar minha vida. Já pensava em parar de fumar e sempre adiava esse momento. Mas não tive outra escolha, era uma questão de respeito à vida. Entre continuar fumando e continuar vivendo, o que vamos preferir?

No início, logo que desisti do cigarro, eu sentia quase sempre muita vontade de fumar, com o tempo essa vontade atenuou-se. Às vezes, sonhava que estava fumando e quando acordava sentia-me angustiado, porque na verdade aquela sensação trazia-me prazer e ao mesmo tempo arrependimento. Portanto, o que realmente contribui para superarmos a vontade de fumar é a consciência de que o cigarro é extremamente nocivo. Ele vai minando nossa sua saúde lentamente.

Como há um ritual para começarmos a fumar, penso que deve haver outro para abandonarmos o cigarro. Assim, estabeleci uma data e a partir dela despedi-me do cigarro aos poucos, reduzindo dois cigarros por dia até parar definitivamente no décimo dia. Muitos fumantes querem parar e não conseguem, simplesmente, porque é muito complicado mudar comportamentos. Dependendo do caso, uma orientação médica associada à medicação pode ter bons resultados. Para quem sente muita dificuldade em abandonar o cigarro, há alguns programas antitabaco nos quais os pacientes contam com acompanhamento médico e psicológico, recebendo apoio e orientação adequada.

Capítulo 12

Ganho de peso: acontece com todo mundo?

Muitas vezes, os fumantes demonstram medo em tentar parar de fumar. Esse receio pode ser considerado normal em algumas circunstâncias, mas é importante tentar entender quais são os reais motivos que fazem com que se continue fumando. Esses motivos são variados, como o medo de ficar muito irritado ao permanecer sem fumar, de ter dificuldades de concentração, de fracassar e, principalmente, o medo de engordar muito.

Parar de fumar, em geral, traz algum ganho de peso. Lívia, uma fumante de quase dois maços de cigarros por dia, conta que tem muito medo de engordar, já que tem dificuldade em perder peso. Ela fuma há 12 anos, mas nunca tentou parar. O mais estranho de tudo é que ela diz que "lá no fundo", deseja muito ficar livre dos cigarros. Ela tem gasto muito dinheiro com cigarros, gasto que poderia estar sendo investido em outras coisas, como roupas ou um curso de natação para o filho Lucas (ele sempre pede, mas Lívia nunca tem dinheiro).

Lívia foi conversar com um médico sobre esse problema. O doutor Lauro foi muito gentil com Lívia e explicou que é muito importante querer parar de fumar. Esse desejo é essencial para o sucesso na luta contra o cigarro. Lívia concordou, mas revelou estar com receio de ganhar peso. Doutor Lauro conhece bem Lívia e também demonstrou preocupação.

Então, Lívia quis saber: "quanto se engorda ao parar de fumar?". Doutor Lauro passou a mão envelhecida sobre os cabelos brancos e revelou: "não é muito, algo em torno de 3 ou 4 kg". Ele contou à Lívia que existem muitas pessoas que param de fumar e não engordam. A razão é simples: essas pessoas não trocam o cigarro por alimento, portanto, não passam a comer mais por terem parado de fumar. É comum sentir o apetite aumentar, principalmente por alimentos doces. Mas é importantíssimo cuidar da alimentação nesse período.

Lívia já sabia disso. Sua vizinha, Lorena, já havia tentado parar de fumar um mês antes e disse que constantemente sentia muita vontade de comer. Ela tentou "enganar" a fome bebendo muitos líquidos, principalmente água. Foi bom, pois depois de duas semanas o apetite já havia reduzido novamente e Lorena havia engordado apenas meio quilo. Ao contar essa história ao doutor Lauro, não houve qualquer surpresa por parte do velho médico. Ele parecia tão frágil em sua velhice, mas tão compreensivo e experiente. Lívia gostava de conversar com ele. Acrescentando, ele explicou que não era necessário beber grandes quantidades de líquidos. O importante é beber pequenas quantidades, mas muitas vezes ao dia, podendo ser qualquer líquido, de preferência água. A água, além de fazer bem ao organismo (salvo raras exceções, em especial nos casos de insuficiência cardíaca), reduz a vontade de fumar e não provoca ganho de peso.

Outra dica importante comentada na conversa entre os dois foi a importância de aumentar a atividade física. É uma excelente estratégia para não ganhar muito peso: queimar energia fazendo exercícios. Mas Lívia não gosta de fazer ginástica ou musculação. O que ela poderia fazer? Doutor Lauro recomendou que ela fizesse caminhada, pelo menos uma vez ao dia. Quanto tempo? Talvez 20 ou 30 minutos por dia seriam necessários, porém, quanto mais ela fizer, melhor para o controle do peso. Se ela gostasse de fazer ginástica e musculação, seria muito bom também, mas o exercício pode ser moldado conforme a preferência de cada um, como explicou o doutor Lauro.

Por último, doutor Lauro falou sobre os cuidados gerais com a alimentação: evitar alimentos que sabidamente engordam, como doces e massas. Preferir alimentos como legumes, verduras, frutas e carnes magras. Em termos gerais, pode-se perder peso fazendo refeições variadas e muito agradáveis, sem sofrimento. Basta querer "de verdade" investir em si mesmo. Nesse momento, Lívia sorriu e completou: "eu conheço muitas dietas e vou começar a fazer uma imediatamente!".

Foi muito boa a conversa e, ao final de 20 minutos, ambos se abraçaram e se despediram. Lívia passou no supermercado antes de ir para casa, comprou muitas verduras, frutas e legumes. Na hora de escolher a carne, preferiu carne sem gordura, bem "magrinha". Ao chegar em casa, gritou bem alto: "É hoje!".

E você? Ficou curioso para saber o que aconteceu com Lucas e Lorena? Lucas está fazendo natação, como sempre sonhou, pois Lívia já está há 3 meses sem fumar. Lorena estava sem fumar também e as duas vizinhas comemoraram juntas o sucesso indo ao cinema, com o dinheiro que antes seria gasto com o cigarro.

Depoimento

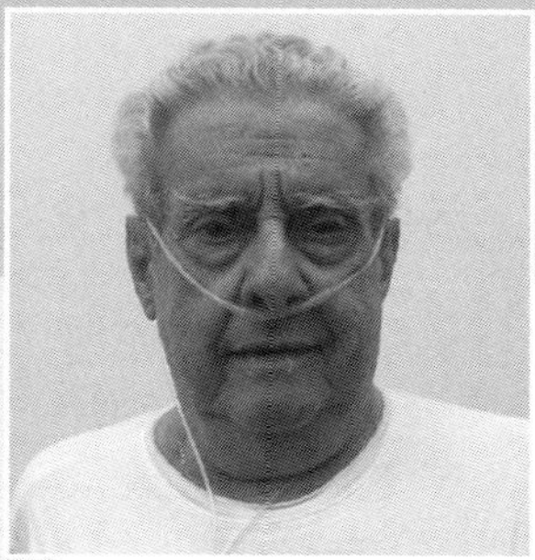

Manoel de S. Machado Júnior
presidente da Associação
Brasileira de DPOC , 75 anos

Fumei por quase 35 anos e durante esse período eu consumia em média três maços de cigarro por dia. E isso veio a provocar, agora, na idade em que estou um sério problema - a doença pulmonar obstrutiva crônica - que diminui a capacidade de respiração. Essa limitação no fluxo de ar tende a progredir com o passar dos anos, dependendo do tempo de exposição ao tabagismo.

Após quase 35 anos fumando é que eu comecei a sentir falta de fôlego. Mas a gente pensa que é por causa da idade, do sedentarismo. Não imaginamos que é o resultado do tabagismo que está atacando o nosso pulmão. Essa falta de fôlego é o sintoma principal que apresentam aqueles que sofrem de enfisema ou de bronquite crônica. Portanto, quem fuma e sente falta de fôlego deve fazer uma visita preventiva ao pneumologista, principalmente aqueles que já estiverem com mais de 40 anos.

Eu parei de fumar de repente, sem me programar. Foi num sábado de manhã, quando me levantei e fui acender meu primeiro cigarro do dia, nesse exato momento decidi parar de fumar, deixei o maço de cigarros e o isqueiro em casa e saí para trabalhar. Passei uma semana angustiado, sentia permanentemente falta de algo. A nicotina deixa a gente tão dependente que sem perceber você já acendeu um cigarro - é um mecanismo automático. Hoje, mesmo após 20 e tantos anos sem fumar, às vezes, quando estou nervoso, sem pensar minha mão vai em direção ao lugar em que antigamente ficava o cinzeiro.

Faz mais de 20 anos que parei de fumar, mas aquilo que o cigarro estragou não há mais como consertar. Tanto é que agora estou aqui preso 24 horas por dia a uma mangueira de oxigênio. Sinto-me como um papagaio que fica em seu poleiro com uma correntinha no pé: sou como ele, só posso ir até onde minha mangueira de oxigênio me permite. Ainda trabalho, mas minha atual condição me traz limitações, e não são poucas.

Sabe-se que o cigarro pode provocar cerca de 52 tipos de doenças, então o meu único conselho para quem fuma é que faça um exame de consciência e pergunte-se o que realmente deseja para o seu futuro. O fato é que enquanto somos jovens, geralmente, não pensamos nas conseqüências, entretanto, elas vêm. Hoje, meu maior sonho é que fosse inventado um medicamento, uma pílula que num passe de mágica devolvesse meu pulmão saudável, mas lamentavelmente eu sei que não existe.

Capítulo 13

Efeitos do tabagismo passivo: realidade ou fantasia?

Embora seja comum ler sobre resultados de pesquisas e depoimentos de médicos a respeito do tabagismo passivo, é difícil identificarmos essas pessoas adoentadas acometidas pela fumaça do cigarro alheio, seja no ambiente de trabalho, seja em casa. Parece algo muito distante de nossa vida. Será que isso é realmente verdade?

Talita é uma menininha de dois anos e meio, uma boneca, alegre e sorridente, não fosse o fato de viver doentinha. Já esteve internada duas vezes desde que nasceu, por causa de pneumonia. Nesse último ano, teve de ir ao pronto-socorro do hospital perto de sua casa três vezes. O nebulizador já faz parte da decoração de seu quarto, pois, pelo menos uma vez por semana, seu peito chia e ela precisa fazer inalações. Os pais estão desconfiados de que a presença do cachorro da família seja a causa do problema da criança. O médico alergista proibiu a entrada de Nico, o cachorro, dentro da casa. Há mais de seis meses, o Nico fica só no quintal; entrar na sala e nos quartos nem pensar, embora arrisque-se de vez em quando na cozinha. O pai está seriamente pensando em dar Nico para o primo, que mora em uma chácara no interior. O mais impressionante é que até o cachorro já teve duas pneumonias no passado, chegando a tomar antibiótico! Agora ele está ótimo, embora de vez em quando tenha alguns episódios de tosse.

A avó de Talita acha que pode ser uma "vibração ruim" na casa, mas ainda não conseguiu a autorização do genro para trazer uma benzedeira para fazer uma "purificação de todo o ambiente". O mais interessante é que toda essa preocupação é o assunto constante da família. Eventualmente reúnem-se a mãe, o pai, a avó e o avô de Talita. Ficam na sala, nas tardes de sábado, conversando sobre o assunto e todo esse nervosismo faz com que eles fumem ainda mais de preocupação. Às vezes, fumam vinte cigarros ou mais em poucas horas de conversa. Somente o avô não fuma, pois teve um infarto há oito anos e nunca mais fumou. Lógico que ninguém fuma perto da Talita, pois quando ela fica na sala eles todos vão para a cozinha, ou mesmo para a área externa, onde continuam fumando.

O exemplo acima é típico dos efeitos do tabagismo dos pais e de pessoas próximas sobre as crianças pequenas, especialmente aquelas abaixo de cinco anos. As vias aéreas imaturas da criança são mais sensíveis aos efeitos do tabagismo, mesmo que as pessoas não estejam fumando imediatamente próximas a ela, pois a criança terá contato com a fumaça que foi produzida minutos ou horas antes no recinto que ela freqüenta. Os efeitos mais comuns nessas crianças expostas ao tabagismo são infecções e outras doenças respiratórias recorrentes, elas também estão mais predispostas a manifestarem uma doença pulmonar no futuro.

E Nico, o cachorro? Alguém se preocupou com ele? Bem, não existem muitos dados sobre animais expostos ao tabagismo passivo, mas acredita-se que eles também sofram pelo contato constante com a fumaça do cigarro e as doenças das vias aéreas seriam as mais fáceis de se identificar nesses pobres animais expostos à fumaça do cigarro.

É muito comum ver famílias promoverem uma verdadeira reforma domiciliar para afastar das crianças materiais que acumulam poeira e ácaros, os pais só se esquecem de abolir o cigarro do ambiente. Pior ainda, algumas famílias apenas fingem que estão afastando seus filhos da fumaça de cigarro. Além desse exemplo, que é mais comum, você já ouviu falar de alguém com mais de sete anos que tenha sido acometido pelo tabagismo passivo? Bem, então veja uma outra história, para perceber que o tabagismo passivo está mais presente do que imaginamos.

Cláudio é garçom, trabalha em um restaurante agitado da cidade. Ele é atencioso e simpático, muito querido pelos clientes. Mas, ele não desperta muito a simpatia do dono do restaurante. Isso porque Cláudio, às vezes, fica doente e não há um inverno em que o garçom não falte pelo menos um dia para fazer inalação no hospital perto de sua casa. E não é porque o Cláudio não se cuide; ele tem sua medicação para uso em casa e faz acompanhamento com um pneumologista. Mas, mesmo assim, ele tem crises de asma e rinite alérgica que são complicadas. O restaurante onde Cláudio trabalha é muito famoso na cidade, tem ala de fumantes e não-fumantes. Em certas noites, a ala de fumantes fica tão agitada que, no fim do expediente, os olhos dos funcionários estão vermelhos, por causa do contato durante horas com a fumaça intensa no ambiente.

Cláudio é um exemplo comum de exposição ao tabagismo no ambiente de trabalho. Embora trate de forma adequada sua rinite alérgica e asma (essas duas doenças com freqüência manifestam-se juntas), a exposição constante à fumaça do cigarro é um fator irritante para suas vias aéreas e age como fator desencadeante de crises de asma e falta de controle da doença.

Além das doenças respiratórias, a exposição à fumaça do cigarro também está relacionada com outras doenças típicas de fumantes, como doenças cardíacas e vasculares, além de alguns tumores. Bem, as pessoas expostas a essas substâncias durante meses e anos, mesmo em quantidades inferiores em comparação aos fumantes, são capazes de apresentar lesões relacionadas ao tabagismo. Por esse motivo, pessoas expostas ao tabagismo passivo, em casa ou no trabalho, sofrem mais de doenças relacionadas ao tabagismo do que pessoas que não convivem com fumantes.

Apêndice

Avaliação do grau de dependência à nicotina

(Questionário de Fagerström)

1. Quanto tempo após acordar você fuma o seu primeiro cigarro?

   Dentro de 5 minutos 3
   Entre 31 e 60 minutos 1
   Entre 6 e 30 minutos 2
   Após 60 minutos 0

2. Você acha difícil não fumar em lugares públicos, como igrejas, bibliotecas, cinemas, ônibus etc.?

   Sim 1 Não 0

3. Qual o cigarro do dia lhe traz mais satisfação?

   O primeiro da manhã 1
   Outros 0

4. Quantos cigarros você fuma por dia?

   Menos de 10 0
   De 21 a 30 2
   De 11 a 20 1
   Mais de 31 3

5. Você fuma mais freqüentemente pela manhã?

   Sim 1 Não 0

6. Você fuma mesmo quando está doente, quando precisa ficar de cama a maior parte do tempo?

   Sim 1 Não 0

Veja o resultado na próxima página.

Conclusão sobre o grau de dependência:

0 a 2 pontos = muito baixo
3 ou 4 pontos = baixo
5 pontos = médio
6 ou 7 pontos = elevado
8 ou 10 pontos = muito elevado

BALANÇO DECISÓRIO

Fatores que me incentivam a parar de fumar	Fatores que me impedem a parar de fumar

PRIMEIRA SEMANA

Aprendendo a viver sem fumar

Dicas úteis:

- Mude a rotina e a ordem em que você realiza suas atividades.
- Beba bastante água.
- Após as refeições, levante e deixe a mesa rapidamente.
- Faça alguma atividade física.
- Despeça-se do maço de cigarros.
- Não tenha cigarros ao seu alcance.
- Seja disciplinado, não pule etapas.
- Comemore suas conquistas e gratifique-se por elas.

Benefícios que você adquire ao parar de fumar

- Após 20 minutos: a pressão arterial e a pulsação cardíaca voltam ao normal.
- Após 2 horas: não há mais nicotina circulando no sangue.
- Após 8 horas: o nível de oxigênio no sangue se normaliza.
- Após 3 dias: o olfato e o paladar melhoram significamente.
- Após 3 semanas: melhora nítida da respiração e da circulação (torna-se mais fácil subir escadas, ladeiras, correr; atenua-se a dor, o inchaço e o cansaço nas pernas).
- Após 1 ano: o risco de morte por infarto reduz pela metade.
- Após 5 anos: o risco de câncer de esôfago reduz pela metade.
- Após 10 anos: o risco de câncer de pulmão fica reduzido entre 50 a 70% em relação aos fumantes.
- Após 15 anos: o risco de doenças vasculares e infarto iguala-se ao dos indivíduos que nunca fumaram.

O que é Síndrome de abstinência?

São sintomas desagradáveis que o organismo manifesta devido à ausência da nicotina; costumam ser mais intensos nas três primeiras semanas sem cigarro. Não está presente em todos os fumantes.

Os sintomas são: irritabilidade, ansiedade, tontura, dores de cabeça, dificuldade de concentração, sudorese, constipação intestinal e alterações do sono.

Comentários e anotações sobre a minha primeira semana

SEGUNDA SEMANA

Benefícios que você adquire ao parar de fumar

Na segunda semana após parar de fumar, os benefícios da vida sem cigarro começam a ficar mais evidentes e nos estimulam a prosseguir no esforço para abandonar o cigarro.

Alguns benefícios são imediatos, outros aparecem a curto e a longo prazo, o importante é que você estará sempre acumulando benefícios!

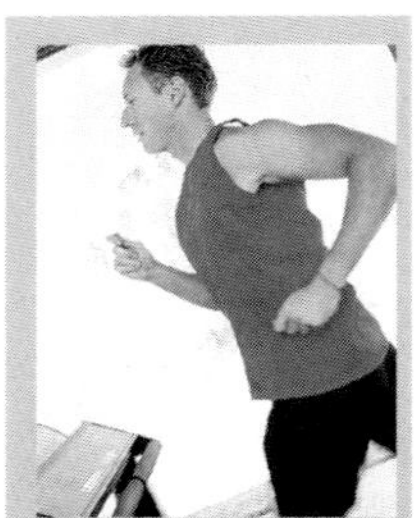

Benefícios que eu notei após parar de fumar

- ______________________________
- ______________________________
- ______________________________
- ______________________________
- ______________________________
- ______________________________
- ______________________________
- ______________________________
- ______________________________
- ______________________________

O benefício financeiro

Faça agora as contas da quantia, em média, que você já gastou com o cigarro e o quanto está economizando desde que parou de fumar:

______	X	______	=	______
Valor do maço de cigarro de sua preferência		Número de maços consumidos por dia x 30		Gasto mensal com cigarros
______	X	______	=	______
Gasto mensal com cigarros		Número de anos em que fumou (em meses)		Gasto total com cigarros
______	X	______	=	______
Gasto mensal com cigarros / 30		Número de dias sem fumar		Economia atual sem cigarros

TERCEIRA SEMANA

Decifrando condicionamentos

O ato de fumar está associado a comportamentos ligados a alguns hábitos individuais e sociais que criam, progressivamente, vínculos tais como tomar café e logo em seguida acender um cigarro.

Depois de algumas repetições, esse tipo de associação torna-se constante, de tal forma que, agora, cada vez que você pega uma xícara de café, tem desejo de fumar. Outras associações comuns são: fumar e ingerir bebidas alcoólicas, fumar e falar ao telefone, fumar e escrever um relatório, fumar e assistir à televisão ou fumar depois de comer.

Se esse for o seu caso, veja como funcionam essas e outras associações de comportamento: inicialmente você acendia um cigarro após tomar café, pois lhe parecia um momento apropriado, ou era uma atividade social comum.

Pense a respeito dessas associações. Que situações particulares, eventos ou comportamentos levam você a procurar o cigarro automaticamente?

Momentos do dia em que mais gosto de fumar

Atitudes que me ajudam a permanecer sem fumar

Agora, pense e escreva algumas estratégias que podem ajudá-lo a superar tais condicionamentos, mas não se esqueça de realmente colocá-las em prática.